Pawlowski

# Duschanleitung für Eisbären

Klaus Pawlowski

# Duschanleitung für Eisbären

Satirische Texte

Oktober Verlag
Münster in Westfalen

Klaus Pawlowski, *1935, ehemals Hochschullehrer, stand mehr als 30 Jahre auf der Kabarettbühne, schreibt seit fast 20 Jahren satirische Texte für die Wahrheit-Seite der taz, gründete 2007 gemeinsam mit den taz-Autoren Peter Köhler und Reinhard Umbach die Neue Göttingen Gruppe. Die Drei brachten drei Satirebände heraus. Klaus Pawlowski veröffentlichte 2013 sein erstes eigenes Bändchen mit dem Titel »Gereimtheiten und andere Gemeinheiten«. Er kann seine Texte meisterhaft vortragen und tut das in Lesungen, auch schon mal auf einem Kreuzfahrtschiff und gemeinsam mit dem klassischen Pianisten Gerrit Zitterbart.


Am Hawerkamp 31, 48155 Münster
www.oktoberverlag.de


Satz: Thorsten Hartmann
Umschlag: Thorsten Hartmann, Peter Pawlowski
unter Verwendung einer Zeichnung von ©Tom
Druck: Books on Demand GmbH, In de Tarpen 42, 22848 Norderstedt

ISBN: 978-3-946938-49-1

# Inhalt

# Im App-Stellraum

# Im App-Stellraum

Die Wetter-App will heute klar
vom Sommer App-schied nehmen.
Die Weight-App rät mir app-sehbar,
den Appetit zu zähmen.

Hab die Rezept-Apps app-gefragt
und mich dann app-gefunden
mit Trennkost. Meine Fit-App sagt:
Nach ein paar App-Lauf-Runden

könnt doch mein App-Bild jeder App
zusätzlich App-Glanz geben
und brächte in den App-Gang Pepp
und App-Schwung in mein Leben.

Die Freundschafts-App sollt app und zu
zur App-Sicht up ich daten.
Das hat app-bittend Marie-Lu
app-schließend sich erbeten.

Hab Apps fürs Tanken, fürs Rollo.
Die Back-App backt mir Kuchen.
Die Staubsaug-App, die App fürs Klo,
die App, um Apps zu suchen.

Mein App-Schluss lautet klipp und klar,
die App-Scheu aufzugeben.
App-Leben find ich wunderbar.
App-Ordnung ist mein Leben.

# Frauentaschen

Frauen, die in Taschen graben,
weil sie was zu suchen haben …
Frauen, die in Taschen wühlen,
die mit zarten Fingern fühlen,

was in dieser Schattenwelt
schlummernd sich verborgen hält:
Schlüsselbunde, Stücker drei,
Füller, Füßling, viererlei

Lippenstifte, Läppchen, Litzen,
Spangen, Spielgeld, Spachtel, Spritzen,
Blöcke, Blusen, Broschen, Brillen,
Knebel, Knöpfe, Kopfschmerzpillen.

Drogendöschen, Dübel, Drucker,
Zwickel, Zwiebel, Zimt und Zucker,
Bratklops, Backobst, Blaubeerkuchen.
Sollten sie noch tiefer suchen:

Goethes Eckzahn, Gretchens Gift,
Urfassung der Heil'gen Schrift,
Säulenreste (ionisch? dorisch?),
Grabbeigaben, prähistorisch.

Und ganz unten auf dem Grunde
mysteriöse Knochenfunde.
Doch auch wenn sie graben, wühlen,
längst vergess'ne Schätze fühlen,

fiebrig. Wenn sie sich empören,
weil sie's angstvoll schreien hören
aus des Grabes tiefen Gründen,
ist ihr Handy nicht zu finden.

# Social Freezing

Ich hatte so vor einem Jahr
ein TEMPO eingefroren
im Eisfach. Als verschnupft ich war,
hatt ich es dort verloren.

Jetzt fand es Hanna, roch daran
und ist nun noch maroder
als damals ich. Das ist doch dann
ein Social Freezing, oder?

Auch als im Winter ungefragt
die Heizung nicht mehr wollte,
war Social Freezing angesagt,
was Folgen haben sollte.

Wir fassten nämlich den Beschluss,
die Lust, die wir noch spüren,
wenn man sich wärmend kuscheln muss,
für später einzufrieren.

Doch als wir dann zu Valentin
die eingefror'ne Wonne
auftauen wollten, schmolz sie hin
wie Softeis in der Sonne.

# Der Konsum-Controler

Dass ich seriös und lauter wirk,
ist eine Grundbedingung.
So sorg ich im Kontrollbezirk
für positive Schwingung.

Ich klingle, lächle distinguiert:
»Da bin ich, der Horst Kohler«,
und guckt die Hausfrau irritiert,
»Na, ihr Konsum-Controler.

Wenn Horst kommt, ist der Monat rum
(wie ich zu sagen pflege).
Ich sehe mich nur kurz mal um
und prüfe die Belege.

Wie war noch mal ihr Sollbetrag?
Hier steht's: zweihundert Euro.
Verzeihung, wenn ich schon mal frag:
Was haben wir denn neu so?

Den Hut da? Und ein Seidenschal?
Zwei wirklich schöne Stücke.
Doch klafft da leider, seh'n Sie mal,
jetzt eine Deckungslücke.

Sie sollten mal ein Neugerät …
Hier ihre Waschmaschine,
drei Jahre alt? Dass die noch geht.
Ich hab's: eine Frittine

von Bosch. Kaum Strom, Gesundheit pur
beim Backen, Grillen, Braten.
Seh'n Sie, ich kontrollier nicht nur,
ich will Sie auch beraten.

Sie brauchen gar nichts? Tut mir leid,
Fakt ist doch: Sie erreichen
den Sollwert nicht. Ja, es wird Zeit,
Ihr Konto auszugleichen.

Wenn Sie nicht fristgerecht, Frau Schmidt,
entsprechend konsumieren,
bring ich selbst die Frittine mit
und müsste gleich kassieren.

Seh'n Sie, die Räder stehen still,
wenn keine Euros rollen.
Wer unserm Land jetzt helfen will,
muss brauchen müssen wollen.

Dann Tschüss. Und tuen Sie sich um!
Es klappt! Da könnt ich wetten.
Wenn Horst kommt, ist der Monat rum.
Bis dahin: Deutschland retten!«

# Verkabelt

In meinem Haushalt bin ich jetzt
total verschaltet und vernetzt.
Mein Wecker sendet erst einmal
an meine Küche ein Signal.

Dort wählt der Kaffeeautomat
die Kaffeestärke akkurat
nach Blutdruck und nach Pulsfrequenz,
kurz: nach erwartbarer Präsenz.

Dann gibt der Spiegel mir im Bad
rasch als Radarbild und in Grad
meine Gemütsverfassung an
und wie sich die entwickeln kann.

Prompt reagiert die Mind-App, sucht
nach den Symptomen oder bucht
gleich passende Behandlungszeiten
bei meinem Psychotherapeuten.

Dann registriert noch die Toilette
Darmstatus, Leberwerte, Fette
des Blutes und brieft simultan
den Kühlschrank, der den Speiseplan

mir täglich neu kommuniziert,
rasch Ungesundes aussortiert,
und über Internet das ordert,
was der Verfassungscheck so fordert.

Durch Blinksignal und Klingelton
weiß stets ich: alles in Funktion.
Blöd ist nur, dass sich nichts bewegt,
hab ich den Schlüssel mal verlegt.

# Mein Navi

Seit ich jetzt strikt nach Navi fahr,
brauch ich nur noch zu lenken,
kann Schlager hören und erspar
mir Planen und auch Denken.

Was schert es mich, ob Bums, ob Dings
an meiner Strecke liegen?
Ich hör nur: »An der Ampel links,
und dann gleich rechts abbiegen.«

Auf meinem Display seh ich gleich
Ankunft und Kilometer,
freu mich, wenn ich mein Ziel erreich,
sei's auch drei Stunden später.

Rausch auch schon mal mit 110
in eine Kurzbaustelle.
Die kann mein Navi zwar nicht seh'n.
Dafür sieht mich die Quelle

des Blitzes, und auch mein Gerät
lässt zweifellos sich blenden.
Es kniet vor mir im Bußgebet
und flüstert: Bitte wenden.

# Brittas Tattoos

Weil das im Trend liegt, ließ sich Britta tätowieren.
Nicht einfach so, nein, sie hat vorher nachgedacht.
Denn die Tattoos soll'n ja ihr Alter noch verzieren,
was die Motivwahl Brittas deutlich sichtbar macht.

Sie ließ auf jede Brust sich einen Apfel stickeln.
Nun kann sie zuseh'n, wie die Äpfel immer mehr
zu wundervollen gelben Birnen sich entwickeln,
erst saftig prall, dann müde hängend, reif und schwer.

Auf ihren Oberarmen breiten stolz die Flügel
zwei starke Adler. Doch es kommt der schöne Tag,
an dem sie ihre Arme schüttelt vor dem Spiegel
und sieht der Adler würdevollen Schwingenschlag.

Und dann ihr wohlgeformter Bauch. Vier Segel schwellen,
die Jacht treibt unterm zarten Nabelmond dahin.
Doch kämpft sie sicher bald mit dicken schweren Wellen.
Wird sie demnächst versinken? Da ist Spannung drin.

Noch ist viel Platz für neue Stichlings-Offensiven.
Für ihren Rücken fehlt noch der Bestechungsplan.
Wer da Ideen hat mit Zukunftsperspektiven:
Sofort bei Britta melden in Bad Zwischenahn.

# Der Frauenflüsterer

## Mansplaining*

Ich bin bei Frauen sehr beliebt,
weil ich sie blind verstehe.
Sie freuen sich, dass es mich gibt
und suchen meine Nähe,

weil ich Bescheid weiß und sofort
geduldig Hilfe biete.
Ob Wirtschaft, Politik und Sport:
Ich kenn die Defizite.

Im hübschen Gangliengeflecht
bleibt viel im Ungefähren:
Ob Abseits, Aktien, Arbeitsrecht.
Und ich kann gut erklären.

»Schau, Kleines, das ist gar nicht schwer«,
sag ich mit sanftem Lachen.
»Was, Dein Computer will nicht mehr?
Komm her, lass mich mal machen.«

Ja, Frauen brauchen viel Geduld.
Doch quält mich eine Frage:
Warum bekomm ich ihre Huld
nur maximal drei Tage?

Was – zugegeben – an mir nagt,
bei all dem, was ich biete.
Ich hab die Frauen nie gefragt.
Das bringt doch nichts, denn wie gesagt:
Sie ham halt Defizite.

* ein aktuelles Modewort aus den USA, zusammengesetzt aus *man* und *explain*

26. Juni

# Heute ist Weltdrogentag

Freunde, heut am Tag der Drogen
wird schwer einer reingezogen.
Und wer kleine Kinder mag,
bald ist wieder Kindertag.

Erdrutsch gibt's am Tag der Erde,
Stutensteaks am Tag der Pferde.
Und ein flotter Terrorschlag
kommt gut am Weltfriedenstag.

Tag des Buches, Tag des Sparers,
Tag des Luxusauto-Fahrers.
Ob bis zum Autismustag*
Merkel endlich gehen mag.

Tag der Laus und Tag der Leber,
Tag der Teilzeitarbeitgeber.
Tag des Herrensockenhalters,
Tag des Renteneintrittsalters.

Tag des Schuhes, Tag des Senkels
Tag der Tasse, Tag des Henkels,
nicht des Olafs, nein, den mag
ich nur am Weltpfeifentag.

Tag des Klos und Tag der Brille.
Tag der Welt-Sedierungs-Pille.
Höhepunkt wär ohne Frage
mal ein Tag des Tags der Tage.

*2. April

# Rent some Happiness

Konsumzwang? Kann ich jetzt vergessen.
Statt mich tagtäglich nur zu stressen
mit Such- und Kauf-Experimenten,
kann ich fast alles leihen: renten.

Eh ich zum Markt nach Eiern renn,
nach frisch gelegten: rent a hen.
Für meinen Teich rent ich a duck
für eine Feier shoes und Frack.

(Frack? Rent ich da a German word?).
Für frohen Weckruf: rent a bird.
Rent mir a Mofa, rent a Sofa,
auch – wenn er schick ist – a Pullova.

Auch rent a dog könnt sich rentieren.
Ich ginge dann auch mal spazieren.
Nur fass ich ungern Hunde an.
Ob man auch Rentner renten kann?

Doch weil ich mehr für Frauen bin,
rent lieber ich a Rentnerin.
Und rent dabei ganz ohne Stress
vielleicht auch noch some happiness.

Der Weg ist das Ziel

# Duschhauben

Bei der Hotelwahl bin ich eigen.
Ich lass mir erst das Zimmer zeigen
und inspizier als Erstes gleich
das Bad, den Sanitärbereich.

Und guck im Pflegeallerlei
nach Duschhauben. Sind die dabei?
Duschhauben zeigen sehr subtil:
Dies Haus hat Qualität und Stil.

In Häusern, die nicht Hauben bieten,
würd niemals ich ein Zimmer mieten.
Duschhauben. Da verzicht ich gerne
auf einen oder auch zwei Sterne.

Ja, Bodymilk, Shampoo und Föhn
find ich zwar angenehm und schön.
Doch würd ich sie vermissen? Nein!
Nur Duschhauben. Die müssen sein.

Nicht, dass ich sie gebrauchen täte,
wenn früh ich in die Dusche trete.
Allein das Wissen, ich könnt's machen,
kann in mir ein Gefühl entfachen

von Luxus, Stolz, wie ich verwöhnt
hier werde. Und verschönt.
Ja, auch verschönt. Ich hab sie jetzt
schon ein, zwei Mal mir aufgesetzt,
nackt vor dem Spiegel. Ich muss sagen:

Sie sind recht angenehm zu tragen,
von ungeahnter Eleganz.
Als sexuelles Stimulans
nicht auszuschließen. Irgendwie
erregend. Auch die Phantasie:

Ich stell mir vor: die Kanzlerin
nackt und mit Haube ... Welch Gewinn
an Menschlichkeit, an zarter Nähe.
Und wenn ich Horst so vor mir sehe:

Mit dieser kleinen, feinen Haube
wirkt der viel schöner, ja, ich glaube,
verletzlicher und ganz gewiss
auch fähiger zum Kompromiss.

Und von der Leyen, wie ich find,
gehört in jeden Spind gepinnt.
Selbst Olaf niedlich, fast kokett.
Empfehlung an das Kabinett:

Ist wieder 'ne Klausur in Sicht,
Duschhaubenpflicht!

# Der Weg ist das Ziel

Wenn Du das Steh'n im Stau verfluchst
und echte Abenteuer suchst,
hier die Idee: Der ICE!
Buch bei der Deutschen Bahn AG.

Denn völlig anders als im Stau
ist hier der Weg das Ziel. Genau!
Der Weg beginnt am Bahnsteig gleich
recht spannend und facettenreich.

Da ist die Lautsprecherdurchsage
und dann die interessierte Frage
von einer Dame an der Seite:
»Wieviel Verspätung hat der heute?«

Und unversehens bist du schon
in trauter Konversation
mit einer wunderschönen Frau.
Sei ehrlich, hast du das im Stau?

Und bald sitzt du im Großraumwagen.
Ja, es kommt vor an manchen Tagen,
dass man es nur im Mantel aushält,
wenn im Abteil die Heizung ausfällt.

Kommt vor, dass mal im Klo kein Licht ist
und dass der Speisewagen dicht ist.
Na und? Du, das erhöht doch prompt
die Spannung, was da noch so kommt.

Vielleicht steht gleich der Zug im Gleis,
in schöner Landschaft, und wer weiß,
ob du den Anschluss nicht verpasst.
Genieß dann diese nette Rast.

Denn jeder Bahnhofsautomat
hält reichlich Köstlichkeit parat.
Auch lohnt es sich in jedem Falle,
die Konstruktion der Bahnhofshalle

sich anzuschau'n, ganz ohne Eile.
Dein Anschluss braucht ja noch 'ne Weile.
Kann sein, er kommt heut gar nicht mehr:
Ein Triebwerkschaden. Bitte sehr,

dann lernst du unerwartet schnell
die Stadt noch kennen plus Hotel.
Sag selbst, ist eine solche Reise
nicht spannender als beispielsweise
das stundenlange Steh'n im Stau??
Genau!!

# Aus meinem Reistagebuch

## Im Ausland

Es sagte ein Ire aus Limerick:
»Bevor ich im Hirnschmalz den Schimmel krieg,
dicht ich Limericks,
die dem HERRN ich dann fix
als Bittgebet in den Himmel schick.«

Am Strand von Puerto Rosario
da fanden die Grit und ihr Mario
auf ihren Liegen
wahrhaftig zwei Ziegen
aus Dortmund … welch böses Szenario.

Ein Gast auf der Insel Madeira
in Funchal in der Bar voll dabei war
beim Madeira-Wein.
Der haute so rein,
dass er später im Pool einen Hai sah.

Es sprach eine Dame aus Falmouth:
»Jetzt ist Schluss mit der Liebe im Schnellschuss.
Jetzt muss so ein Knilch her,
treu und schön wie bei Pilcher,
voller Liebe und frisch wie ein Quellfluss.«

Ein Hotelgast auf La Reunion
Garnelen mit Knoblauch verschlong.
Seine Suite 700,
was mich gar nicht wundert,
roch tagelang doch etwas strong.

Edelgard schoss auf den Seychellen
mit 'nem Katamaran durch die Wellen.
Doch sie saß ziemlich hart.
Jetzt hat Edelgard
ein paar Dellen an hinteren Stellen.

Fischer Paul, der fand auf La Digue
kein Paradies vor, kein Stück.
Zig Autos im Nacken,
zig Blasen am Hacken.
Und er sehnt sich nach Ahlbeck zurück.

Die Edeltraut kam jüngst in Akabar
nicht mit ihrem viel jüngeren Macker klar.
Kam ein Scheich, der war reich.
Klar, den liebte sie gleich,
auch wenn er ein uralter Knacker war.

Ein Limerick auf Santander
fällt mir ganz persönlich nicht schwer.
Ich vertraute der Bank.
Jetzt erspart sie zum Dank
mir jeglichen Zahlungsverkehr.

Es sagte die Paula aus Klagenfurt:
»Ich höre, du willst mich was fragen, Kurt.«
Sie wartet gespannt.
Doch er lächelt charmant:
»Ich hab gar nichts gesagt. Mein Magen knurrt.«

# In Niedersachsen

Der Jäger Paul ging in Walkenried
auf Falkenjagd in seinem Jagdgebiet.
Doch der Vogel fing nix,
denn der Has' war zu fix.
Woraufhin sich Paul seinen Falken briet.

»Lohnt nicht mehr«, sprach Sieglinde aus Einbeck,
»dass ich beim Hans-Peter noch eincheck.
Der altert so fix.
Und es bringt ja auch nix,
wenn ich schock ihn gefrier oder einweck.«

»Ehe ich«, sprach ein Dichter aus Hildesheim,
»die Zier meines männlichen Bildes beim
Sex mir verschlinge
bei Marie oder Inge,
ich lieber was Scharfes und Wildes reim.«

Der Weihnachtsmann klagte in Himmelsthür:
»Im Postamt krieg ich noch 'nen Fimmel hier.
Statt 'ner Tour auf dem Schlitten
nur Wünsche und Bitten.
In meinem Bart wächst schon Schimmel mir.«

Die Golferin Heidi aus Angerstein
lädt sich häufig im Traum Bernhard Langer ein.
Oh, sie liebt diesen Herrn,
und sie würde so gern
von Langer ein klein bisschen schwanger sein.

Es wundert sich Frieder aus Uslar,
dass jäh mit Elisabeth Schluss war.
Hat so kommen müssen,
denn er kam doch beim Küssen
partout nicht mit seinem Gebuss klar.

Es wurde ein Knabe aus Fredelsloh
ganz und gar nicht mit seinem Mädel froh.
Ihm schmerzte das Herz.
Drum betäubt er den Schmerz
mit 10 Bier, doch jetzt schmerzt ihm der Schädel so.

Ich kann in der Duftstadt Holzminden,
die versprochenen Düfte nie finden.
Ob die zarten Odeurs
vorm Gestank des Verkehrs
verduften, im Solling verschwinden?

»Ich lieb ihn«, seufzt Katrin aus Dassel,
»und bevor ich's mit Henry vermassel,
lieb ich besser auch
sein Tattoo auf dem Bauch
und sein dauerndes Fußballgequassel.«

Erst zuckte dem Frieder aus Wieda
der rechte Arm auf und nieda.
Dann: so trübe die Rübe
und traumatische Schübe.
Diagnose: eine schwere Pegida.

# In Meckpomm

»Ehe ich«, sprach die Dame in Ückeritz,
»am Strand mit verbrutzeltem Rücken schwitz,
geh ich Blaubeeren pflücken.
Doch jetzt spür ich beim Bücken,
dass ich statt in Beeren in Mücken sitz.«

Ein schüchterner Fischer in Warthe
voll Verlangen den Damen nachstarrte.
War stark sein Interesse,
bat er um die Adresse …
Und schrieb ihnen dann eine Karte.

Herr Schmidt hat in Boltenhagen
seit Tagen schon einen im Kragen.
So kann er am Strand
den wirbelnden Sand
und den Nordwind besser vertragen.

# In Thüringen

Es sprach die Annette aus Erfurt:
»Du futterst von Tag zu Tag mehr, Kurt.
Deine Hose wird eng.
Kurt sprach: »Sei nicht so streng,
Geb ich halt dem Bauch etwas mehr Gurt.«

# In Sachsen

»Bevor ich«, sprach Ute aus Chemnitz
»wenn der Horst mich besucht, in der Klemm sitz
und ich müsste ihm morgen
meine Zahnbürste borgen,
ich am Neumarkt mal kurz zum DM flitz.«

Es stieg die Lisa aus Rabenstein
in Flöha zu Jens, diesem Knaben, ein.
Als in Niederwiesa
er der Lisa aufs Knie sah,
gab er Gas und fuhr in den Graben rein.

Fragte Lotte den Leo aus Rottluff:
»Warum isst du nicht meinen Kompott uff?«
Da sprach er: »Ach Lotte,
nach deinem Kompotte
bin ich stets auf dem Potte so flott druff.«

# Duschanleitung für Eisbären

# Ein dicker Hund

Nachrichten nehme ich meist locker.
Doch diese reißt mich schlicht vom Hocker:
»Der deutsche Hund wird immer fetter!«
Ob Dackel, Collie, Pudel, Setter,

ob Dogge, Dackel, Dobermann …
sie setzen zu viel Hüftspeck an.
Bei Spaniel, Schäferhund und Schnauzer
wird deren Plauze immer plauzer.

Kein Basset, Bobtail, Boxer, Beagel
sieht morgens gern noch in den Spiegel.
Da schwappt der Wanst, da schlappt die Brust
Auch schlafft das letzte bisschen Lust.

Die Dackelin wird kaum noch rollig.
Und wenn? Der Rüde? Viel zu mollig.
Kriegt er sein Bein noch hoch am Baum?
Doch zieht er daraus Lehren? Kaum.

Er wird bequemer und bequemer.
Er findet es viel angenehmer,
sich auf dem Sofa einzurollen,
als mit dem Stöckchen rumzutollen.

Wie mühevoll ist Gassi gehen?
Und wieviel schöner, fernzusehen,
vor dem Computer rumzulümmeln
und Spritzgebäck und Chips zu mümmeln?

Manch Hund weiß, dass das so nicht geht,
und futtert schon mal Almaseth,
doch wie man weiß, dampft das nichts ein
vom Fett um Hüften, Brust und Bein.

Auf Kreislauf und Gelenke geht es
und führt am End zu Diabetes.
Drum, habt ihr einen Moppelhund,
staucht ihn zusammen, macht ihn rund:

»Du chillst nur, frisst und machst Gewicht.
Im Jahr des Hundes geht das nicht!
Denn Du als Hund bist von Natur
Symbol der deutschen Leitkultur.«

# Eisbärs Nachtlied

Bin ich der letzte Eisbär?
Zumindest hier im Eismeer?
Ja, wenn das Eis noch weiß wär …
Doch es ist dreckig grün.
Auf einem Restchen Schneegrund
hock ich mir mein Filet wund.
Nichts ist mehr da. Kein Seehund
und auch kein Pinguin.

Auf weißen Kreuzfahrtkähnen
sie an der Reling lehnen.
Von ihren Mitleidstränen
schmilzt auch das letzte Eis.
Und die vom Greenpeace-Kutter
die schrei'n: »Heut gibt's kein Futter.
Nur abgespeckt, mein Gutter,
nützt du uns als Beweis.«

Und koste, was es wolle,
rauscht schließlich zur Kontrolle
auf einer letzten Scholle
der Klimagipfel ein.
Und völlig demokratisch
schrei'n alle: »Wie dramatisch!
Doch gibt's ja noch den Bratfisch,
dann kann's so schlimm nicht sein!«

Womöglich kommt ein Arzt her,
der spritzt mich um auf Schwarzbär
und schwärmt, wie schön der Harz wär,
ganz hügelig und grün.
Ach, wie ich mich doch sehne
nach meiner Frau Helene,
doch liegt die dicke Schöne
als Fell vor dem Kamin.
Ich bin k. o.
Ich sag mal so:
Ich will in'n Zoo.

# Die Vogelgrippe im deutschen Liedgut

Wenn ich ein Vöglein wär
und auch zwei Flügel hätt,
wär ich in Not.
Flöge ich dann zu Dir,
flöge ich dann zu Dir,
schlügst du mich tot.

Kommt ein Vogel geflogen,
setzt sich nieder auf mein'n Fuß,
hat ein Virus im Schnabel,
aus Kleinasien einen Gruß.
Lieber Vogel, flieg schnell weiter,
nimm den Gruß mit und den Kuss,
weil ich dich sonst bittschön leider
gleich mal totschlagen muss.

Ich wollt, Du wärst ein Huhn,
dann könnte ich es tun,
ganz einfach ohne groß Geschrei.
Zack, wär's mit Dir vorbei.

Die Lerche hol'n wir aus der Luft,
das Täubelein aus seiner Kluft,
begrab'n sie in den Wäldern.
Die hochbegabte Nachtigall
verscharren wir auf jeden Fall
ganz schnell auf unsern Feldern,
ganz schnell auf unsern Feldern.

# Nachrichtenlage

Im Winter 2014 hat sich Bundeskanzlerin Angela Merkel im Skiurlaub in der Schweiz beim Langlauf verletzt.

## Nachrichtenlage

Was hör ich? Unsre Kanzlerin
fuhr da beim Abfahrtslauf
(wo war es noch?) im Engadin
auf einen Felsen auf?

Abseits der Piste? Angela?
Das ausgerechnet die?
Und das mit 100 km/h?
So schnell? Fährt die doch nie.

Im Koma? So? Das glaub ich glatt.
Weil sich ja nichts bewegt
da in Berlin. Und Sigmar hat
sich wohl dazugelegt.

Was? War gar nicht die Kanzlerin?
Da hätt ich mich verhört?
Der Schumi war es? Du, da bin
ich doch jetzt leicht verstört.

Weil alles passt. Unfall und Stein
im Weg. Und Agonie.
Nur Seehofer, den hört man schrei'n.
Regiert jetzt der für sie?

2014 fordert der damalige Bundesaußenminister Frank-Walter Steinmeier (SPD) ein stärkeres außenpolitisches Engagement Deutschlands: »Deutschland ist eigentlich zu groß, um Weltpolitik nur von der Außenlinie zu kommentieren«, sagte Steinmeier bei der Münchner Sicherheitskonferenz.

## Am Spielfeldrand

An der Außenlinie steht
ungeduldig der Frank-Walter.
Ja, er möchte, wenn es geht,
auf das Feld als Spielgestalter.

Wechselt er sich selber ein?
Lässt er es jetzt richtig krachen?
Will mit seinem Zauberbein
stramm den Libero er machen?

Ja, er trägt so selbstbewusst
das Trikot, das nationale
mit dem Adler auf der Brust.
Neben ihm hüpft der geniale

Steilpasskönig Jochen Gauck.
Der hat nicht zu viel versprochen.
Mit dem Gegner Aug' in Aug'
lockert er die harten Knochen.

Nein, es reicht nicht mehr, »Alarm!«
nur vom Spielfeldrand zu schreien.
Seht, sie läuft sich auch schon warm:
Sturmtank-Göttin von der Leyen.

Im Frühjahr 2014 plant der damalige Justizminister Heiko Maas ein Gesetz, das bloßstellende Fotos verbieten soll.

# Heiko Maas' Gesetz

Es wurde allerhöchste Zeit,
dass in den Medien deutschlandweit
bloßstellend Peinliches im Bild
in hohem Maß als strafbar gilt.

Wie peinlich, wenn da Sigmar steht
und aufgeknöpft sich bäuchelnd bläht.
Wie bloßstellend sein Hosenbund.
Womöglich noch im Hintergrund

ein Windrad, das ins Bild reinragt …
Wie peinlich, doch bald untersagt.
Wie bloßstellend, wenn Angela
man mal im Bild von hinten sah,

der Blazerschlitz am Po verklemmt,
und dabei auch noch ungehemmt
lächelnd an Seehofer geschraubt …
wie peinlich, doch nicht mehr erlaubt.

Auch trifft das Bloßstellungsverbot
die Fotos jetzt von Claudia Roth.
Und wenn ein Bild den Gysi zeigt,
wenn Seehofer sich zu ihm neigt.

Und ob man von der Leyen schmeichelt,
wenn zärtlich sie Haubitzen streichelt?
Und dann das Bild, das Heiko Maas
zeigt, wie er ernsthaft sinnend saß,

tief nachdenklich am Hirnschmalz sog,
sein Bloßstellungsgesetz erwog …
So peinlich, dass man's kaum verkraftet.
Der Fotograf gehört verhaftet.

Der amerikanische Geheimdienst NSA soll ab 2014 auch Gespräche von Bundeskanzlerin Merkel abgehört haben.

## Bedrohung

Skandal. Ganz Deutschland ist verstört:
Angelas Handy abgehört.
Und was die NSA entdeckt
hat, das beängstigt, das erschreckt:

Bedrohung nistet in Berlin.
Im Zentrum … unsre Kanzlerin.
Was sie so ausheckt insgeheim,
ist explosiv, ja, birgt den Keim

für bitterböse Terrorschläge.
Was sagt ihr da? Ihr wollt Belege?
Hier: SMS ans Kanzleramt:
Hab meinen Zahntermin verschlampt.

Dann dieser Anruf: Lieber Peter,
Bin beim Friseur, komm heute später.
Es kommt noch schlimmer: Horst, ich bitt
Dich, wenn du kommst: Bring Weißwurst mit.

Ihr Anruf bei der Schneiderin:
Drei neue Blazer, und mach hin!
'Ne SMS an Gabriel:
Du machst 'ne Schlankheitskur? Erzähl.

Anruf bei Gysi: Hey, mein Lieber,
schreib mir 'ne Rede, mail sie rüber.
An Ehemann Joachim Sauer:
Bring mir 'nen Knirps. Es gibt heut Schauer.

So geht das weiter, kaum zu fassen.
Kann man da ruhig und gelassen
noch morgens seine Semmel kauen?
Wie kann man dieser Frau noch trauen?

Betäubt mit Gleichmut unsre Sinne,
hockt da wie eine böse Spinne
und spinnt – es packt mich schier Entsetzen –
uns ein in ihren Terrornetzen.

Ganz sanft. Und sieh, im Garn-Myzel
hängt leicht betäubt schon Gabriel.

Im Februar 2015 touren Griechenlands Premier Tsipras und sein Finanzminister Varoufakis wie Rockstars durch Europa: Paris, London, Rom, Frankfurt, Berlin.

# Unser täglich Gyros gib uns heute

Wir sehen sie, noch eh es Tag is',
Wir seh'n sie bis zum Schlafengeh'n:
den Tsipras und den Varoufakis,
die beiden Grinser aus Athen.

Wir treffen sie jetzt jeden Morgen,
sie lächeln so erwartungsfroh,
als wollten sie sich etwas borgen,
vielleicht zehn Euro oder so.

Wir seh'n Lagarde, Schäuble, Juncker
bedeutungsvoll sich winden, dreh'n,
und wie sie sich im Eurobunker
allmählich auf die Nerven geh'n.

Sie werden schlapp, die Euro-Fighter.
Sie geh'n schon auf dem Fleisch vom Zahn.
Erschöpfung macht sich breit und breiter.
Ist das der Varoufakis-Plan?

Wer kann das denn noch hör'n und sehen?
Wem hängt's nicht zu den Ohren raus?
Vor allem: Wer kann was verstehen?
Mal ehrlich: Kennen Sie sich aus?

Heißt Grexit Euro-Abenteuer?
Ist Schuldenschnitt gleich Marterpfahl?
Macht endlich Schluss mit dem Geeier!
Wie, ist inzwischen scheißegal!

April 2015: Griechenlands Finanzminister Gianis Varoufakis trifft sich mit IWF-Chefin Christine Lagarde in Washington, und verspricht die Rückzahlung der Kredite.

# Heute ist Zahltag

Wisst Ihr, dass heut der große Tag is',
der alle Welt in Atem hält?
Ja, heute bringt Herr Varoufakis
uns einen Koffer voller Geld.

Er hat's versprochen sozusagen:
Fünfhundert Millis grob geschätzt
will er zum Währungsfond heut tragen
im Handgepäck. Vorausgesetzt,

er hat die Kohle noch gefunden,
die sechs Millionen (oder acht?).
Die war'n am Montag doch verschwunden.
Im Bett? Im Schrank? Im Aufzugsschacht?

Und hat er auch die neunzig Mille,
die gestern hinterm Schliemann-Grab
ein Bänker ihm in aller Stille
(nur sanft bedroht) als Barscheck gab?

Ein Reeder hatte vor zwei Wochen
fast zwölf Millionen harten Kies
ihm beim Retsina fest versprochen.
Wenn der ihn bloß nicht hängen ließ.

Und dann die Inseln, wo mit flotter
Spannkraft er Steuern jetzt erhebt.
Doch hat der frisch kassierte Schotter
die Barverschiffung überlebt?

Wie viel wird er im Koffer tragen?
Was bringt er heut aus Griechenland?
Ja, das sind Fragen über Fragen.
Vielleicht auch lächelt er charmant

und sagt ganz ruhig, kurz und trocken:
»Hat nicht geklappt, verzeihen Sie.
Hier sind zunächst mal 50 Flocken,
die mir der Taxifahrer lieh.«

Terroristen haben 2015 Paris mit Anschlägen heimgesucht. Mindestens 132 Menschen starben bei Explosionen, einer Massengeiselnahme, Schüssen auf Lokale. Rund 350 Menschen wurden verletzt. Zu den Anschlägen hat sich der »Islamische Staat« bekannt. Vier der Attentäter sind nach offiziellen Angaben Franzosen. In mehreren französischen und belgischen Städten gab es Razzien der Polizei.

## Kann man das irgendwo bestellen?

Kann man das irgendwo bestellen,
das Großereignis, das die Welt
gespeist aus tausend Medienquellen
verwirrt, berührt, in Atem hält?

Dann wird nur dieses Eine wichtig,
Wenn das uns plötzlich überrollt,
wird alles Andere ganz nichtig.
Ist das geplant, ist das gewollt?

War da nicht mal die Griechen-Pleite?
Doch dann kam dieser Flüchtlingsstrom.
Der spülte Griechenland zur Seite
und wuchs in uns zum Angstsyndrom.

Das wurde dann in unsren Köpfen
kurz abgespalten, weil sich grob
mit Blattern, Niersbach, Schwarzgeldtöpfen
der Fußball-Clan ins Blickfeld schob.

Und nun Paris voll Angst und Grauen.
Aus Flüchtlingsstrom wird Terrorflut.
Und Griechenland? Und Schmiergeldklauen?
Kein Blickpunkt mehr, nicht mehr akut.

Und was kommt dann? Das mir die Bilder
von gestern aus dem Hirn verbannt?
Wird das noch schlimmer, böser, wilder?
Ach, bitte wieder Griechenland!

Jena 2017: Bundeskanzlerin Merkel hat einen Verfall der Diskussionskultur in Deutschland beklagt

## Diskussionskultur

Mein Gott, was hat Frau Merkel nur?
Sie will mehr Diskussionskultur.
Ich kann das einfach nicht kapieren,
in diesem Lande diskutieren

wir doch wie blöd, und zwar tagtäglich.
Ich finde das oft unerträglich.
Zum Beispiel, wenn so ein Prolet
zackbumm in meiner Parkbox steht.

Da gab's mal ohne Kommentar
eins auf die Fresse, und gut war.
Und heute? Ist Gequatsche Pflicht,
so lange, bis die Nacht anbricht.

Statt herzerfrischend loszufluchen,
muss man jetzt Argumente suchen.
Wenn früher man mit Tellern warf,
gibt's heute Diskussionsbedarf.

Frau Merkel, Ihre Quatschkultur
klaut uns die Zeit nur von der Uhr.
Der Trump hat es doch vorgemacht:
Zack! Knallbummpeng! Und Schicht im Schacht!

Deshalb: Krieg ich mal Ärgernis,
eins auf die Fresse. Und gut is'.

»First Daughter« Ivanka Trump trifft auf dem G20-Frauengipfel im April 2017 Angela Merkel und IWF-Chefin Christine Lagarde.

# Frauen-G20

First Daughter, Trumps Ivanka
ist zwar ein wenig schlanka
als unsre Queen, die Angela,
doch nicht so schön wie Maxima.

Und auch nicht ganz so zart,
wie die Christine Lagarde
oder die Freeland Chrystia.
Doch tastet jede Kamera

jetzt bei den Gipfelfrauen
Ivanka von den Brauen
bis über Po und Schenkel ab,
sieht zu, dass sie sich alles schnapp

vom Husten bis zum Lächeln
vom sinnbelad'nen Fächeln
mit ihrer Hand, die schön beringt,
gekonnt sich in die Linsen schwingt.

Lasst nach Berlin uns schauen,
doch dann auf alle Frauen,
die dort ab gestern tagen
mit zukunftsträcht'gen Fragen.

Doch eines sitzt mir wirklich quer:
Es hätte dieses Treffen, wär
Ivanka nicht gekommen,
kaum einer wahrgenommen.

Im April 2017 hat Bundesinnenminister Thomas de Maizière (CDU) einen Zehn-Punkte-Katalog für eine deutsche Leitkultur vorgelegt.

# Der Katalog

Als Deutscher zählt ich mich bisher
gern zu den Patrioten.
Doch jetzt kommt Thomas de Maizière
mit seinen zehn Geboten.

Und schon das erste find ich fremd.
Bei meinem Tankwart eben
war ich zunächst doch leicht gehemmt,
ihm meine Hand zu geben.

Auch bei der Aldi-Dame dann
verspürte ich doch leichte
Scheu. Ja, es fühlte falsch sich an,
als ich die Hand ihr reichte.

Auch sie sah ganz befremdet aus.
Und als ich mich verneigte
und sprach: »Gestatten, ich heiß Klaus«,
sie mir den Vogel zeigte.

Nun denn: ich folgte Regel drei,
bot freundlich mein Gesicht ihr.
Doch sie schlug zu und rief dabei:
»Jetzt, Alter, ist mal Schicht hier!«

Mein Hintermann war auch empört.
»Wir sind hier nicht bei Romas«,
motzt er. Jetzt bin ich doch verstört.
War was nicht richtig, Thomas?
Ganz ehrlich? Ich fühl mich bedroht
als regeltreuer Patriot.

09.07.2017 Bei den Protesten nach dem Ende des G20-Gipfels in Hamburg setzte die Polizei Wasserwerfer, Pfefferspray und Tränengas ein, um Sitzblockaden aufzulösen. Randalierer warfen Flaschen, Steine oder Böller. Es gab etliche Festnahmen. Aber Politik und Polizei waren zufrieden mit der Art, wie sie alles in den Griff bekommen hatten.

## Zufriedenheit

Vorbei, vorbei, und alle alle sind zufrieden.
Frau Merkel sagt, dass es gelungen sei.
Der Polizeichef ist auch ganz entschieden
zufrieden mit dem Einsatz seiner Polizei.

Zufrieden auch Elektrohändler Damen.
Die Scheibe kriegt er irgendwann ersetzt.
Die Fernseher, die ihm abhanden kamen?
Von Samsung! Ist doch tolle Werbung jetzt.

Zufriedenheit im Schanzenviertel bei Frau Krause.
Hubschrauberlärm? Belebt doch unsre Stadt.
Ihr Auto brannte zwar vor ihrem Hause,
die Polizei trat ihren halben Garten platt.

Doch diese Opfer muss man eben bringen,
wenn das Ergebnis stimmt. Frau Merkel sagt es ja.
Das Glück der Welt steht über solchen Dingen
wie Wasserwerfer und ein bisschen Antifa.

Deshalb sieht man auch Olaf wieder grinsen.
Zwar hat sich manch ein Querulant beschwert.
Zwar ging auch manches kräftig in die Binsen.
Doch generell: Der Schritt nach vorne war es wert.

# Wahlkampfstart 2017

Kann man sich noch in Ruhe sonnen?
Nein! Denn der Wahlkampf hat begonnen.
Frau Merkel zeigt sich in Bayreuth
ganz kämpferisch im bronz'nen Kleid.

Das kontert Schulz, ihr Wunsch-Bezwinger,
gibt stimmstark sich als Meistersinger
und schmettert voll Entschlossenheit
fünf Arien zur gleichen Zeit.

Zwar hat er noch nicht voll erfasst,
was da als Wahlkampfthema passt.
Doch erst mal singen, das ist wichtig.
Zumal Frau Merkel folgerichtig

ihr wohlbekanntes Schlaflied geigt
und die vertraute Raute zeigt.
Frau Göring-Eckardt fragt sich zag-
haft, was Cem Özdemir wohl mag.

Und was will Sarah Wagenknecht?
Die findet alles ungerecht.
Auch, dass der Lindner laut und schrill
Gerechtigkeit für alle will.

Was? Will er nicht? Na, was denn dann?
Allein die AfD, die kann
klar ihr zentrales Thema sagen:
Sie woll'n sich erst einmal vertragen.

Ja, es geht richtig hart auf hart.
Oh, welch ein heißer Wahlkampfstart.

Vor dem Wahlkampf 2017 gab es das traditionelle Kandidaten-Duell zwischen Martin Schulz (SPD) und Angela Merkel (CDU).

# Das Duell

Das Duell, welch ein Erlebnis.
Das Duell, welch ein Ergebnis.
Jeder weiß jetzt, wo die beiden
stehen und sich unterscheiden.

Martin kämpft, wie immer schon,
kraftvoll für mehr Brot und Lohn.
Angie knüppelt voll dagegen:
Ihr ist stark daran gelegen,

Grundgehälter festzuschreiben.
Und sie will mit Macht betreiben,
dass die Rentner älter werden
und die Winter kälter werden.

Martin aber kontert post-
wendend. Er will wen'ger Frost!
Und dann ist es sein Bestreben,
dass die Rentner länger leben.

Angie ist für Trenndiät.
Martin hungert, wenn es geht.
Merkels ham getrennte Konten.
Schulzens sind für klare Fronten.

Das sind starke Positionen.
Keiner will den andern schonen.
Jeder schießt, und jeder trifft.
Und der Wähler ist verblüfft.

Und als dann die Angie noch
ruft: »Ich stopf das Sommerloch«,
Martin gleich mit einem schroffen:
»Quatsch, bei mir bleibt das Ding offen«,

aus der Hüfte sozusagen
kraftvoll querschießt, sind die Fragen,
die den Wähler so bewegen
und seit Wochen schon erregen,

voll geklärt. Auch sein Entschluss,
was er wählen soll, ja muss.
Klar, er wählt (Schluss dieses Dramas)
einen Flug auf die Bahamas.

Nach der Bundestagswahl 2017 war eine Jamaika-Koalition die große Chance, eine stabile Regierung für die nächsten vier Jahre hinzubekommen.

## Anflug auf Jamaika

Nun wagen Sie den Fernflug nach Jamaika.
Der Flieger löst vom Boden sich nur schwer.
Der Schröder spielt zum Abschied auf der Balalaika.
Und Schulz winkt mit dem roten Fähnchen hinterher.

Was tun sie nach der Landung auf der bunten Insel?
Kredenzt der Lindner Rum aus edlem Zuckerrohr?
Und Merkel? Fächelt sie sich Luft mit einem Palmenpinsel?
Tanzt Göring-Eckardt allen einen heißen Reggae vor?

Vielleicht auch streiten sie sich schon mal um die Hängematten.
Wer darf in welche? Wer liegt in der falschen drin?
Wer schmort vergessen in der Hitze? Wer darf in den Schatten
… des breitgesess'nen Hinterteils der Kanzlerin?

Will Lindner surfen in der Obergrenzen-Brandung?
Zur Not allein? Denn Cem und Karin schwimmen da nicht raus.
Baut Merkel lieber eine Sandburg? Mit Betonumrandung?
Besteht der Özdemir auf einem off'nen Palmenblätter-Haus?

Und Horst? Der hockt bestimmt im Sand wie festgewachsen.
Die Lederhose kneift im Schritt. Welch eine Schnapsidee:
In ganz Jamaika gibt's kein Weißbier, nicht mal eine Haxen.
Horst ist hier fremd wie Usain Bolt am Tegernsee.

# Der Koalitionsvertrag 2017

Der Weg war weit, der Weg war steinig,
doch sind sie sich jetzt völlig einig.
Er steht – was für ein schöner Tag:
der Koalitionsvertrag.

In vielen schwer durchkämpften Runden
hat Kompromisse man gefunden.
Vor allem diese stritt'gen Fragen:
in trocknen Tüchern, kann man sagen.

Familiennachzug wird ab jetzt
ja nicht mehr länger ausgesetzt.
So dürfen alle Volksvertreter
die Partner, Kinder, Mütter, Väter

jetzt zu sich holen nach Berlin,
ohne Beschränkung im Termin
und in der Zahl. Das ging so glatt,
wie's Olaf Scholz versprochen hat.

Zum unbegründeten Befristen
gibt es verbindlich klare Listen:
Was bei Vertragsbefristung man
jetzt als Begründung nehmen kann.

Besonders stand in der Kritik
ja die Gesundheitspolitik.
Welch Einigkeit auf beiden Seiten.
Ein Aufbruch in ganz neue Zeiten:

Der münd'ge Bürger hat ab morgen
die Freiheit, für sich selbst zu sorgen.
Verpflichtend schreibt man Kurse aus:
»Wir operieren jetzt zu Haus.«

Ja, die Verhandlung war nicht leicht,
doch hat es Martin Schulz erreicht,
dass jetzt die Basis ungetrübt
dem großen Werk sein Ja-Wort gibt.

Im März 2018 tritt Sigmar Gabriel als Bundesaußenminister zurück.

# Abschied

Ach Sigmar, Du mein streitbarer Genosse.
Soll ich dich so versteh'n: Du willst nicht mehr?
Warfst du dich ganz bewusst von Deinem Rosse.
Das freut sich sicher, denn Du warst recht schwer.

Hast mit ihm manche Hürde übersprungen,
dabei hat es sich mächtig unter dir gequält.
So manch Parforceritt ist Dir da gelungen.
Doch hast Du dich im Zaumzeug oft verwählt.

Du willst dein Pferd nun nicht mehr strapazieren.
Das war dir wohl den eignen Abwurf wert.
Willst du dafür durchs Zimmer galoppieren
mit deinen Töchtern auf dem alten Schaukelpferd?

Mein Freund, ich durfte wortreich dich bedichten.
Für manchen Ritt fand richtig böse Reime ich.
Und nun? Kann als Poet ich je auf dich verzichten?
Ach Sigmar, hörst Du, ich vermisse dich.

Doch halt, du hast ja längst ein neues Hobby,
Ja, Deinem regen Geist kann man vertrau'n.
Ich hörte Siemens, oder war es Rüstungslobby?
Egal. Jetzt darf ich weiter dich verhau'n.

# Frühling 2018 in Berlin

Ja, jetzt ist endlich, endlich Frühling in Berlin,
und junge Knospen treiben aus den alten Zweigen.
In wohlbekannten Gärten Frühlingsblumen blüh'n
Seht, wie in diesem bunten, munt'ren Reigen

Steifmütterchen um frische Farben sich bemüht,
wie Nulpen und Narzissten sich auf hohen Stängeln wiegen,
Doch ach, die Groküsse sind viel zu rasch verblüht.
Die Pfeilchen träumen schon, sie werden balde fliegen.

Schon steh'n Jo-mei-Glöckchen aus Bayern gut versteckt.
Seht hier den Spitzfindwegerich und wilde Spahnemonen.
Und dort von Laberblümchen mühsam zugedeckt
die Küchenschelte in verschiedenen Versionen.

Wenn schon im Lenz die wilden Chrisenthemen blüh'n,
kann man da noch auf einen schönen Sommer hoffen?
Ja, es ist endlich wieder Frühling in Berlin.
Doch was kommt dann? Das bleibt ergebnisoffen.

# Brennpunkte

# Brennpunkte

Bernd ruft: »Beeil Dich, Dorothee!
Ein Brennpunkt in der ARD.
Bringst Du mir eine Schnitte
und auch ein Bier mit, bitte?«

Und während sie die Stulle schmiert,
seh'n sie, wie Nizza kollabiert,
seh'n es ins Chaos sinken,
Bernd muss erst mal was trinken.

»Die vielen Toten!« Dorothee
spürt leichten Schauder bis zum Zeh.
»Auch wir soll'n hier bedroht sein.«
Und beisst erst mal ins Brot rein.

Er trinkt und seufzt: »Na ja, der Dreck
ist Gott sei Dank ein Stück weit weg.
Woll'n wir jetzt Traumschiff sehen?
Oder auf Tatort gehen?«

Bernd ruft: »Der Brennpunkt, Dorothee!
Ein Attentat im ICE
bei Heidelberg, zehn Tote.
Machst du uns Mettwurstbrote?«

»So'n Brennpunkt!«, muffelt Dorothee,
»macht krank, wenn ich den täglich seh.
Nur Schüsse, Schmutz und Schurken.
Willst du zum Wurstbrot Gurken?«

»Zum Glück ist dieser ganze Dreck«,
seufzt Bernd, »ein ganzes Stück weit weg.
Ich denke, ich schalt schnell
mal um auf RTL!
Da gibt's 'nen scharfen Thriller.
Till Schweiger jagt zehn Killer.«

# Kanzlerinnenurlaub

Was macht jetzt in der Sommerpause
Frau Merkel? Ist sie schon zu Hause
im uckermärkischen Templin?
Trifft man sie dort beim Möhrchenzieh'n

im Gärtlein? Hockt sie in den Wicken?
In die wollt sie doch Schäuble schicken.
Sitzt sie dort brav vorm Gartenhaus
den Ärger mit Herrn Trumpel aus?

Träumt sie beim Duft von Thymian
vom Kurdenvater Erdoğan?
Sie weiß: Er isst gern Lamm vom Grill.
Versucht sie beim Geruch von Dill

durch tiefes In-sich-selbst-Versenken
die Flüchtlingsströme umzulenken?
Damit sie nicht die edlen Dielen
des eignen Häuschens unterspülen?

Legt sie beim »Hellas« in Templin
ein Gyros Pita auf Termin?
So kann sie auch beim stillen Sitzen
die Griechen aktiv unterstützen.

Wer ist im Kabinett noch wer?
Ist dafür jetzt ihr Kopf zu schwer
vom Duft der Rosen und Melissen?
Doch auch auf ihrem Lieblingskissen

ist ein Problem kaum aussitzbar:
Wie kommt sie mit den Wespen klar?
Was ist, wenn so ein Bösewicht
sie plötzlich in den Hintern sticht?

# Zugreifen, solange es geht!!

Zum Sechzigsten von Ingemaus
will ich ihr etwas bieten.
Ich schenk ihr einen Blumenstrauß
und werde Schröder mieten.

»Der lohnt sich immer«, garantiert
mir Peter Meiers Vater.
Der hatte Schröder engagiert
fürs Kasperletheater

beim Kinderfest von Enkel Kai.
Jetzt will er Schröder buchen
zum Osterfest. Der kommt ins Haus
und hilft beim Eiersuchen.

Die Ruth braucht einen Kavalier
zum Tanztee auf Gut Kaden.
Ich sag: »Mensch, leih den Schröder dir.
Der soll noch täglich baden.«

Auch rate ich der Schlachtersfrau:
»Ich muss ganz ehrlich sagen:
Hier fehlt ein Partner mit Know-how.
Sie sollten Schröder fragen!«

Wenn das noch geht. Denn hundsgemein
droht Schwager Paul aus Aurich:
»Ich lad den Kerl zur Treibjagd ein!«
Das fänd ich ziemlich traurig.

# Die Volkspartei

Man kann Politiker jetzt buchen
bei dieser Agentur: als Gast,
Begleiter, Redner. Und die suchen
auch raus, wer zu dem Anlass passt.

Ich hätt gern Martin Schulz geordert
für meine Party gestern Nacht.
Sechstausend haben die gefordert
und das auch nur von sechs bis acht.

Preiswerter war da Carsten Schneider
(er hat den Wahlkreis Weimar Land).
Doch war der auf der Party leider
den meisten Gästen nicht bekannt.

Der Peter wollte uns wohl schocken,
als er sich Oppermann erbat.
Für runde siebentausend Flocken
kam der am Donnerstag zum Skat.

Für einen Schützenfestbesuch war
ich auf die Manu Schwesig scharf.
Doch war nur Barbi Hendricks buchbar.
Und da verwarf ich den Bedarf.

Bevor ich mir den Olaf hole,
wart ich noch ab, denn eins ist klar:
Ich spare eine Menge Kohle,
wenn der schon weg ist nächstes Jahr.

# Krisen

Jede Krise, die zieht Kreise.
Viele Kreise kriseln heftig.
Führungskrisen beispielsweise
stören Merkels Kreise kräftig.

In den kranken Kickerkreisen
kriselt auch der Jogi-Riese.
Und die Krux beim Zugverreisen?
Diese krasse Triebkopf-Krise.

Kreiseln Krisen durchs Gelände,
kriselt's auch in den Parteien.
Kraftlos krebseln Kreisverbände,
kriegen Kahlschlag in Karteien.

Eurokrise, Abgaskrise,
Kirchen kriseln gar dreifaltig.
Und am Himmel kreist die fiese
Klimakrise, regenhaltig.

Ach, im Kriseln all der Kreise
spür auch ich der Krisen Wellen:
auf dem Konto, und ganz leise
kriselt's auch im Potenziellen.

Selbst im Flusse dieser Zeilen
zieh'n die Kriselsteine Kreise.
Und ich spür beim Worte feilen
unvermittelt eine überaus
starke Reim- und Rhythmuskrise.

# Die Wunder Jesu

Als Jesus übers Wasser joggte,
Frau Merkel mit im Beiboot hockte.
Sie sprach: »Der Merz wird mir zu munter.
Er sagt, er ginge niemals unter.
Ich denke mal, es wär am besten,
Du würdest das hier mit ihm testen.«

Als Jesus bei Dekapolis
mal einen Stummen sprechen hieß,
da rief Frau Merkel: »Guter Mann,
wenn jetzt ein Stummer sprechen kann,
geht das auch sicher andersrum.
Komm, mach den Seehofer mir stumm.«

Jesus erweckte mal so eben
den armen Lazarus zum Leben.
Und als die SPD-Gewählten
sich quälten, weil sie kaum noch zählten.
Da lächelte der Nazarener:
»Nun, ich erweck euch Brandt und Wehner.«

Als Jesus durch die Lande reiste,
und kurz 5000 People speiste
mit einem Brot und zwei Glas Bier,
da rief der Bahnchef: »Du bleibst hier
und machst für einen Silberling
im ICE das Catering.«

Einmal, da machte Gottes Sohn
aus Wasser leck'ren Côtes du Rhône.
Der Deutsche-Bank-Chef staunte sehr:
»Ein solches Wunder muss jetzt her.«
Da lachte Jesus: »Na, dann spinn
mal Stroh zu Gold. Vielleicht haut's hin.«

Als Jesus jenes Wunder brachte,
das einen Lahmen gehend machte,
da humpelten zehn Lahme an:
»Ach, hilf auch mir, du guter Mann!«
Doch Jesus fragte konsequent:
»Hand hoch, wer ist Privatpatient?«

Jesus schlug in Kapernaum
sich einmal mit Dämonen rum.
Als er sie ausgetrieben hatte,
stand die Angela auf der Matte:
»Kannst du die Welt nicht von so Pein'gern
wie Spahn und März und Dobrindt rein'gern?«

Als Jesus einem blinden Typ
mal Spucke in die Augen rieb,
bekam der Durchblick, und zwar vollen.
Wenn die, die uns regieren wollen,
auch stets am Sich Bespucken sind:
Nützt nichts. Sie bleiben trotzdem blind.

# Brauchen wir den Verfassungsschutz?

Natürlich, meine werten Kritiker,
kann der Verfassungsschutz uns nützen.
Muss man nicht täglich als Politiker
seine Verfassung sorgsam schützen?

Ja, seine eigenen Verfassungslagen
muss man verbergen unverdrossen
zum Schutze vor Verfassungsklagen
von Medien und Parteigenossen.

Andrea Nahles schützt in diesen Zeiten
ihre (verzeiht mir) Scheiß-Verfassung
durch dickgelippte Lockerheiten
und muntre Schwallwörterentlassung.

Auch Wagenknecht kann's oft nicht lassen,
mit flott Verfasstem falsch zu landen.
Der Olaf will nichts mehr verfassen.
Das wird doch immer falsch verstanden.

Zig Staatsdiener, wenn's gerade passt,
verfassen sich an Honoraren.
Wenn Horst sich mal im Ton verfasst,
kann Angela ihn nur bewahren,

wenn sie sich wild in seinem Kragen
verfasst und ihn am Stuhl festhält.
Für diesen Schutz, das muss ich sagen,
verdiente sie Betreuungsgeld.

Drum allen Kritikern zum Trutz:
Wir brauchen den Verfassungsschutz!

# Gelungene Integration

Ein dauerhaftes Integrieren
scheint fast unmöglich, kostet Geld.
Die frohe Kunde kommt aus Plieren,
aus dem Asylbewerberzelt.

Seit einer Woche, wird berichtet,
hat man jetzt täglich ab halb zwo
die ganze Gruppe zwangsverpflichtet
zur kollektiven Rio-Show.

Da sitzen Syrer und Afghanen
vorm Fernseher rund um die Uhr,
bestückt mit Schals und Deutschlandfahnen
im Kurs für deutsche Leitkultur:

Die größten aller Reiterasse
sind Deutsche, groß und blond und schön.
Gold für den Sieg der weißen Rasse!
Das muss auch Mohammed versteh'n.

Und während sich beim Rudern, Schießen
doch recht viel Freude übertrug,
kam echt schon Ärger bei der fiesen
Puig, als die Angie Kerber schlug.

Und dann geht's ans Medaillen zählen,
was schon recht oft auf Deutsch gelingt.
Nur bei der Hymne, nun da quälen
sie sich ein wenig, … sprachbedingt.

Doch als dann zur Nachmittagsstunde
der Diskus übern Goldstrich flog,
da strahlten alle in der Runde
und klatschten, dass das Zelt sich bog.

Und schließlich dann beim Fußball lösten
sich alle Fesseln, und sie schrien:
»Wir Deutschen sind die Schönsten, Größten«
– auf Syrisch, doch das sei verzieh'n.

Ja, das Olympiazelt in Plieren
ist für die Zukunft beispielhaft:
Es fällt nicht schwer zu integrieren,
wenn man die richt'ge Basis schafft.

# Radlerin im Gegenwind

Frau Merkel steht in den Pedalen
und stemmt sich in den Gegenwind.
So strampelt sie den Pfad, den schmalen,
auf dem die dicken Brocken sind.

Nix ist mit Fest-im-Sattel-Sitzen,
auch wenn sie sich noch kraftvoll gibt.
Sie muss sich auf den Lenker stützen:
auf, ab, kaum einer, der sie schiebt.

Von links die La Fontainen spritzen.
Rechts bläst die AFD, die Pest.
Grün weht's von vorn. Die Reifen sitzen
im Koalitionsmatsch fest.

Dazu hängt fett und mit Gestänker
noch Horst als Rucksack an ihr dran.
Der Trump sitzt vorne auf dem Lenker,
und hinten drauf hockt Erdoğan.

Ein Reifen platt, ein Rad, das eiert.
Inzwischen klemmt fast jeder Gang.
Der Regen hat die Sicht verschleiert.
Sie weiß nicht: Wo geht's jetzt noch lang?

Sie legt ihr Fahrrad in den Graben.
Wischt sich den Schweiß aus dem Gesicht:
»Dies Schrottrad könn'n jetzt andre haben.
Nur der Jens Spahn, der kriegt es nicht.

Na, und ich weiß nicht, auf die Dauer
ist's auch nix für Kramp-Karrenbauer.«

# Was reimt sich da?

Man sagt, politische Satire hätte es heut leicht:
Nur Schwachsinn gibt's, so weit das Auge reicht.
Doch geht's dabei um anspruchsvolle Lyrik,
wird das Zusammenreimen häufig schwyrik.

Und das beginnt schon mit 'nem Reim auf Trump.
Da geht ja nix. Nur – ziemlich mühsam – *Hamp-*
*elmann.* Doch irgendwie wird die Metapher
bei näherer Betrachtung schlaff und schlaffer.

Und welcher Reim passt gut auf Olaf Scholz?
*Stolz*? *Colts*? Ja, allenfalls noch *Unterholz.*
Da steckt der drin. Doch frage ich mich: Wie
verpack ich das in Witz und böse Ironie?

Ganz schwierig ist da auch ein Reim auf Nahles.
Die hat nichts *Kahles* und schon gar nichts *Schmales.*
Nur diesen Grat, auf dem sie geht. Ganz schwierig: Maas.
*Blass* reimt sich nicht. Und passt da etwa *Spaß*?

Na bitte! Problematisch ist auch Merkel
Das Reimwort …? Peinlich! Platt! Bleibt nur *Gewerkel.*
Stimmt irgendwie. Doch gibt sich das genauso borst-
ig wie ein guter Reim auf Bayerns Horst.

Da lob ich mir Polit-Genies wie Spahn:
passt alles zwischen *Plan* und *Größenwahn.*
Doch schon bei meinem Spezi Markus Söder
wird Reimen wieder blöder und damit auch öder.

Ich geb es zu: Ich spür in dieser Zeit
zunehmend Politikverdrossenheit.
Kein Wunder, dass die langsam in mir keimt,
wenn sich da kaum noch was zusammenreimt.

# Die Rettung

(nach Otto Ernst: »Nis Randers«)
Krachen und Heulen und berstende Nacht.
Dunkel und Flammen mit rasender Macht.
Ein Wrack auf der Sandbank.

Und brennt der Himmel, so sieht man's gut:
»SPD« steht am Schiffsrumpf, noch wiegt ihn die Flut,
Wann holt ihn der Abgrund?

Olaf Scholz spricht ganz ohne Hast:
»Da hängt noch ein letzter Genosse im Mast!
Wir müssen ihn holen!«

Da fasst ihn die Nahles: »Ich steig da nicht ein!
Für uns zwei ist dieser Kahn viel zu klein.
Dazu bin ich zu füllig.«

Olaf tritt auf die Brücke: »Hörst du den Schrei?
Da schreit ein Genosse. Da stirbt die Partei.
Ich werde sie retten.«

»Mensch, Olaf, lass das, du wirst noch ersaufen!
Du kannst doch nicht übers Wasser laufen
wie der raue Johannes.«

Doch Olaf schnallt kühn den Südwester fester.
Dann springt er ins Boot. In die Fäuste presst er
die sausenden Ruder.

Frust oben, Frust unten. Ein Höllentanz.
Wird Olaf zerschmettert? Nein, er bleibt ganz.
Wie lange, wie lange?

Angela, das Sturmtief, bös hört man es bellen.
Es türmen sich riesige Seehoferwellen.
Lafontainen, sie stoibern.

Grüne Blitze zucken aus dem Himmel, dem blassen ...
Olaf hat den Koalitionskurs verlassen,
den Genossen zu retten.

Nahles bricht fast zusammen: »Verbrennt jetzt die Welt?
Was da? Ein Boot, das landwärts hält?
Sie sind es. Sie kommen!«

Andrea starrt in die Nacht hinein.
Wer mag jener letzte Genosse wohl sein,
den der Olaf gerettet?

Und Auge und Ohr ins Dunkel gespannt ...
Still! Ruft da nicht Olaf? Er schreit's durch die Hand:
»Sagt's Nahles, 's ist Gerhard!!!«

Doch zum Mitkommen war er nicht zu bewegen.
Er wollte da draußen 'ne Pipeline verlegen.

# Wir gehen Offshore

# Flucht ans Kap

Das wird wohl hohe Wellen schlagen
um Ex-VW-Chef Winterkorn.
Der kaufte sich vor ein paar Tagen
ein Häuschen unten am Kap Hoorn.

Zwar hätte er´s in Deutschland wärmer,
doch wird der Boden ihm zu heiß.
Dort ist die Luft halt schadstoffärmer:
Es gibt kaum Autos, wie man weiß.

Kein warmer Golfstrom streift das Kap hier,
auch kein Scirocco bläst ums Eck.
Selbst der Passat-Wind ist ganz schlapp hier,
und weit und breit kein Tuareg.

Ja, dieses Haus im fernen Feuer-
land ist zig Meilen weit vom Schuss
(schon rein juristisch) und nicht teuer,
weil er jetzt kräftig sparen muss.

Als ein von Armut schwer Bedrohter
floh er aus sich'rem Herkunftsland.
Wird nun am Kap trotz aller Not er
als Wirtschaftsflüchtling anerkannt?

Wie aus den *Panama Papers* 2015 hervorgeht, gibt es mehr als 214.488 Briefkastenfirmen in 21 Steueroasen rund um den Globus. Die Kunden können diesen Firmen Vermögenswerte übertragen und über diese Firmen, deren Sitz häufig ein Briefkasten ist, Finanztransaktionen vornehmen.

## Wir gehen Offshore

Ich schenkte meiner Gisela,
weil sie Geburtstag hatte,
'nen Briefkasten in Panama
und eine zahme Ratte.

Ihr Lächeln kam nicht recht vom Fleck,
zerfiel auch gleich im Mund ihr:
»Ein Briefkasten? Und so weit weg?
Und was soll dieses Untier?«

Ich machte ihr die Sache klar:
»Wir geh'n jetzt Offshore, Kleine,
und bringen dadurch wunderbar
den Steuerscheiß ins Reine.«

»Und dieses langgeschwänzte Vieh?«
»Die Ratte? Das ist Irma.
Sie ist der Kern der Strategie,
denn ihr gehört die Firma.

Man schickt, wenn man sich Offshore zeigt,
'nen Strohmann auf die Matte,
der alles frisst, klug ist und schweigt.
Warum dann nicht 'ne Ratte?

Wenn's aus der Letterbox einst stinkt,
wenn Listen nach ihr fassen,
wird sie, bevor der Kasten sinkt,
geräuschlos ihn verlassen.«

2013: Uli Hoeneß hat als Kunde der Zürcher Privatbank Vontobel offenbar exzessiv an den Finanzmärkten gehandelt. Auf dem Konto, das Hoeneß gegenüber dem deutschen Fiskus bis Januar geheim gehalten hatte, sollen über einen Zeitraum von mehreren Jahren über 33.000 Bewegungen dokumentiert sein.

## Null Problemo

Was? Du hast die Versicherung betrogen?
Und schönes bares Geld an Land gezogen?
Bist aufgeflogen? Null Problemo, keine Bange.
Was unser Uli kann, kannst Du schon lange.

Sag: »Klar, ich war's.« Und die verzeihen Dir.
Ganz nett wär noch ein »Nein, wie dumm von mir«.
Hast bei Thalia ein paar Bücher eingesteckt?
Und wurdest von der Kasse aus entdeckt?

Dann nix wie raus und aufs Revier geflitzt.
Mach Selbstanzeige. Und schon ist das Ding geritzt.
Doch ich empfehle zur moralischen Befreiung
und auch als nette Geste ein »Verzeihung«.

Unfall? Mit Fahrerflucht? Dabei erwischt?
Was? Drei, vier Augenzeugen? Macht doch nischt.
Nur gleich mal selbst anzeigen, wie gesagt,
und auch dies kleine Ding ist abgehakt.

Jedoch empfehle ich Dir: zu gegeb'ner Zeit
füg diesen kleinen Satz hinzu: »Es tut mir leid.«
Auch musst Du jetzt nicht mehr nur träumen,
Carola endlich aus dem Weg zu räumen.

Doch auch in diesem Fall sofort zur Polizei!
Ein Bußgeld. Und schon ist der Spuk vorbei.
Und als Ergänzung fände ich nicht schlecht
drei Tränen und »Ich mach es wieder recht«.

Wie wunderbar. Jetzt ist aus meiner Sicht
die Waage der Justitia im Gleichgewicht.

Uli Hoeneß wurde am 13. März 2014 von der 5. Strafkammer des Landgerichts München wegen Steuerhinterziehung zu einer Freiheitsstrafe von dreieinhalb Jahren verurteilt. Er trat von allen seinen Funktionen beim FC Bayern München AG zurück. Seine Haftstrafe begann am 2. Juni 2014 in der Justizvollzugsanstalt Landsberg.

## Schicksal einer Bratwurst

Der Uli, der war kerngesund,
ein dicker Bub und fett und rund.
Er protzte, dass allein nur er,
die prallste Wurst von Bayern wär.

Fraß Fonds und Aktien unzerkaut
und platzte förmlich aus der Haut.
Bald passte er nicht mehr ins Bett.
Drum ließ er eine Menge Fett,

verborgen vor des Fiskus Augen,
sich in der Schweiz vom Leib absaugen.
Doch hörte man ihn ständig schrei'n:
Ich? Fett im Ausland? Niemals! Nein!

Doch etwas später, Knall auf Fall,
gab er sich nicht mehr ganz so prall,
doch noch recht bissfest: Einerseits:
ein wenig Fett sei in der Schweiz.

Doch andrerseits hätt er das eben
ja auch ganz offen zugegeben.
Am nächsten Tag an gleicher Stelle
war er in seiner Bratwurstpelle

schon ziemlich schrumpelig und mickrig.
Das letzte Fett, das rann ihm dicklich
als Büßertränen von den Wangen:
Er sei da wohl zu weit gegangen.

Jaja, es stünden ganze Teiche
von Wurstfett fern im Alpenreiche.
Doch dann war Uli – welch Geschick –
nur noch ein Würstchen, finderdick.

Und rutschte schließlich im April
beim Braten durch den Würstchengrill
und kennt jetzt – da gab's kein Entrinnen –
so einen Würstchengrill von innen.

# Optimierung

Kinder kriegen – meist nicht schwer,
Kinder ham – schon etwas mehr.
Springen, wenn sie nächtens brüllen,
Windeln leeren, Fläschchen füllen,
Härte zeigen, wenn sie bocken,
stundenlang am Spielplatz hocken.

Da sind alle Muttis froh
und die Papis sowieso,
wenn die Kurzen endlich starten
die Karriere Kindergarten.
Noch viel besser wär, man hätte
sie in einer Tagesstätte.

Da sind sie gut aufgehoben,
können ganztags lärmen, toben.
Und wem danken wir das, na?
Richtig, unserm Staat! O ja,
Tagesstätten fördert der
mächtig – bis zum Geht-nicht-mehr.

Was soll dieses böse Lachen?
Wir entwickeln, tun und machen
alles, alles für Ihr Kind.
Doch, statt dass Sie dankbar sind …
Mein Gott, wenn man etwas klamm ist,
wenn der Beutel nicht mehr stramm ist,
kann man auch die Tagesstätten
nicht mehr so auf Rosen betten.

Muss voll Kreativität
sparen lernen, wo es geht.

Nehmen wir das Personal.
viel zu üppig, sag ich mal.
In der Zukunft – denk ich – reicht
eine Aufsichtskraft, vielleicht
zwei. Was heißt das: Das läuft nie?
Heutzutag? Ich bitte Sie.

Aufsicht kann doch in den meisten
Fäll'n die Elektronik leisten:
Überwachungskameras
in den Räumen, selbst im Gras,
auf den Klos und Korridoren.
Und auf zwanzig Monitoren
im Kontrollraum kann man schauen,
wo die Kids g'rad Scheiße bauen.

Und dann zack ans Mikrophon:
Erst ein Gong, dann ham wir's schon:
»Petra, bitte geh aufs Klo!
Hannes, wisch dir gut den Po!
Max, die Eicheln aus den Ohren!
Nils, nicht in der Nase bohren!
Lena, laß den Paul in Ruh!
So, nun spielt schön blinde Kuh!«

Alles ist zentral zu steuern.
Ja, so spart man an dem teuern,
häufig schlechten Personal.
Eine Kraft reicht allemal!
Und – das ist das Angenehme –
die kriegt niemals Stimmprobleme
und kann wichtigere Sachen
(Kochen und Bürokram) machen.

Ganz besonders gilt die Straffung
bei der Spielzeugneubeschaffung.
Spielzeug, seien wir mal ehrlich,
ist auf Dauer sehr gefährlich.
Eins, zwei, drei, man kennt das ja,
ist die schönste Spielsucht da.

Eine von den schlimmsten Drogen!
Hat schon manch ein Kind verbogen.
Klötze, Legos, Duplomännchen,
Förmchen, Eimerchen und Kännchen,
Springseil, ja, auch Buddelsand
bringen Kids um den Verstand,
ziehen sie in ihren Bann.

Eh man es noch bremsen kann,
sind den Duplos sie verfallen.
Und in Automatenhallen
sieht man sie mit stieren Blicken
bald an bunten Flippern kicken.
Was begann mit Kuschelbären,
endet so in Suchtkarrieren.
Nein, nein, nein, man muß beizeiten
sie aufs Leben vorbereiten
Und was macht es schön, das Leben?
Arbeit, Werte schaffen. Eben!

Statt nur sinnlos Sand zu schippen,
Klötzchen stapeln, schaukeln, wippen,
muß man die Bewegungslust
fokussieren, marktbewußt.
So zum Mischen von Zement.
Schaukeln könnten exzellent,
statt nur nutzlos drauf zu sitzen,
man zum Wasserpumpen nützen.

Oft ertönt dann auch im Saale
der Befehl aus der Zentrale:
»Max ins Laufrad und auch Klaus,
im Rathaus geh'n die Lichter aus!
Los, zweihundert Runden drehen!
Der Bürgermeister will was sehen.«
Und der ehrt mit zwanzig Donuts
dann den Hamster dieses Monats.

Schließlich muß man, statt zu wimmern,
sich auch um Sponsoren kümmern.
Coca-Cola wär doch was.
So ein Coca-Cola-Fass
würde das pro Monat geben.
Ist doch toll für Kinder. Eben!
Und gesund, denn indirekt
hätte es auch den Effekt,
dass sich ohne viel Taktieren
Kitaplätze reduzieren.

Diese meine Grundideen
treffen, wenn wir vorwärts sehen,
voll und klar in medias res
praktikabel, kindgemäß.
Ein Problem birgt oft viel Gutes.
Darum woll'n wir guten Mutes
freudig in die Zukunft sehen.
Was die Welt braucht, sind Ideen,
aber nicht so dummes Zeug
wie linke Phrasen oder Streik.

# Weltspartag 2017

Weltspartag war's, und alle alle sparten
an Worten nicht: dass Sparen zwar nicht satt
macht, doch, dass so ein Sparer mal in harten
und schweren Zeiten etwas davon hat.

Die Mahnung findet bei mir off'ne Ohren.
Ich spar ja schon: an Zucker, Fett und Brot.
Ich hab bis jetzt zwar kaum Gewicht verloren,
Doch sicher später, wenn mich Not bedroht.

Auch in der Politik zeigt man sich äußerst sparsam.
Man spart an klarer Sicht und gutem Personal.
Informationen hält man sorgsam in Gewahrsam.
Ob das in schweren Zeiten hilft? Na, schau'n wir mal.

Dass Sparen sinnvoll ist, hab ich schon oft erfahren.
Drum spar ich mir den Weg zur Bank ja auch.
Und hier will ich mir weit're Reime sparen,
weil ich sie sicher noch in schweren Zeiten brauch.

# Weltsparwoche 2018

Die Weltsparwoche ist im Gange.
Und ich? Was fang ich mit ihr an?
Ich überlege ja schon lange,
wo ich noch etwas sparen kann.

Den Blick aufs Konto reduzieren?
Das Joggen durch den kahlen Wald?
Vielleicht spar ich auch das Rasieren
und den Friseur. Es wird bald kalt.

Viel geht's ums Sparen dieser Tage.
Frau Merkel spart sich selber ein,
ganz sparsam ist die Stimmungslage
im kleinsten Sozi-Ortsverein.

Spart man jetzt auch bei den Exporten
von Waffen? Thyssen, Rheinmetall?
Frau Merkel spart ja nicht an Worten,
doch sparsam ist der Widerhall.

So sparsam ist auch die Natur jetzt,
spart Tageslicht und Sonne ein.
Mein Hirn, das ginge gern zur Kur jetzt.
Auch das will nur noch sparsam sein.

Das muss gerade ich erfahren.
Drum gibt's auch nur dies Spar-Gedicht.
Ich werde mir zwei Strophen sparen.
auch 'ne Pointe gibt es nicht.

# Hier spricht der Arzt

# Zeitgemäßer Rat

Schöne Frauen, hört mich kurz mal an:
Trefft ihr in der U-Bahn einen Mann
oder in der Bar, im Party-Keller,
und ihr spürt: Der Puls geht etwas schneller.

Er ist schön. Ihr seht es mit Entzücken,
und ihr seht den Glanz in seinen Blicken.
Seine schweren Lippen schimmern feucht.
Seine Wangen sind gerötet leicht.

Und ihr spürt heiß seines Körpers Glut.
Schöne Frauen, hört. Ich rat euch gut:
Lasst ihn besser stehen. Denn ich tippe:
Der hat Grippe.

# Hier spricht der Arzt: Die Handyseuche

Heute möchte ich Sie mit einer Krankheit bekannt machen, die inzwischen wie eine Epidemie unser Land überzieht, der Handy-Seuche *(lat. epidemia mobilis totalis).*

Der Erreger ist das *Virus telecomunicatio smartphonis,* der Volksmund spricht auch vom Zweithirn-Bazillus.

Die bekannteste Ausprägung der Handyseuche ist die *telefonitis radicalis.* Sie äußert sich in schweren hyperphonischen Anfällen *(lat. epilepsia quatscheritis permanentum).*

Der Mediziner spricht auch vom Flatrate-Syndrom.

Zunächst verspürt der Patient jäh, oft unvermittelt, einen starken akustischen Reiz, den sogenannten *Klingeltonus.*

Der zeigt sich oft excorporal, zum Beispiel in der tiefen Handtasche einer Patientin und ist dann nur schwer lokalisierbar.

Die unmittelbare Folge: ein spastischer Suchreflex *(lat. spasmus nixfindus).*

Hyperphonische Anfälle gehen meist einher mit anhaltenden Geräuschen im Gehörgang *(lat. tinitus tante monica permanentum).*

Die unmittelbare Folge – gewissermaßen in Wechselwirkung – ist meist ein schwerer Sprechdurchfall *(lat. diarrhoea verbalis).* Bei stark erhöhtem Entleerungsdruck sprechen wir von verbaler Flatulenz. Eine solche verbale Flatulenz kann schon mal den Großraumwagen eines ICEs zum Krankenzimmer umfunktionieren.

Inzwischen gibt es weitere gefährliche Ausprägungen der Handyseuche.

Da ist die SMS, die *senile multiple scriptose.*

Da sind die äußerst ansteckenden POST-traumatischen Anfälle, die *twitteritis egocentralis permanentum,* also gewissermaßen egomanische Bloggaden.

Und da ist vor allem die lästige Whats-*Appsilepsie.*

Das sind alles schwere Nervenleiden. Sie äußern sich in einem hilflosen Zucken beider Daumen, dem sogenannten Tastentremolo. Dieser Tremor geht einher mit einer Ganzsatz-Verweigerung *(lat. aphasie syntactica),* verbunden mit einer *hyper-funktionalen Smilitis.*

Ganz gefährlich ist auch die Spielsucht *(lat. cupitidas pocemonialis),* bei der die Patienten in eine frühkindliche Tast- und Suchphase regredieren.

Diese taktilen Ausprägungen der Handyseuche breiten sich geradezu epidemisch aus. Nicht selten sehen wir sämtliche Mitreisende eines Linienbusses, sämtliche Gäste eines Eissalons in bemitleidenswerter vereinsamter Versunkenheit.

Der Mediziner spricht hier auch von einer *autistischen Samsungulose.* Die schon mal dazu führt, dass ein Patient auf der Straße in eine Hecke oder einen offenen Gully stürzt.

Gefährdet sind vor allem Kinder. Ihr Immunsystem hat dem *Virus telecomitis* praktisch nichts entgegenzusetzen. Es kommt sehr schnell zu einer sogenannten Knöpfchen-Infektion. Einige Kollegen sprechen schon von einer neuen Kinderkrankheit, dem O-two-Verödem.

Wir alle sind dieser verheerenden Krankheit schutzlos ausgeliefert. Eine Therapie ist kaum möglich, zumal das Virus in erschreckender Weise fast täglich neue Mutationen ausbildet. Die verheerenden Folgen für die Menschheit sind für das menschliche Gehirn kaum vorstellbar. Wenn es das menschliche Gehirn, wie wir es kennen, demnächst noch gibt, da beim augenblicklichen Stand der medizinischen Forschung zu erwarten ist, dass die *epidemia mobilis totalis* demnächst alle selbstbestimmenden Hirnfunktionen auslöscht, der Mensch also dahinvegetiert, als *homo funcus mobilicus* in autistischer tastendrückender Zurückgezogenheit.

Selbst vor dem Sterbebett macht die Krankheit nicht mehr halt. Verblichene können oft nur mit angewinkeltem Arm oder ohrenverstöpselt beerdigt werden. Der Mediziner spricht vom Man-kann-ja-nie-wissen-Syndrom *(lat. telekommunicatio post-mortem).*

Allerdings kann man bei diesem Verlauf der Krankheit in jedem Fall ein finales Funkloch erwarten.

# Spielbericht

# Spielbericht

Das Team hängt voll im Abstiegsringen,
steht mit dem Rücken an der Wand.
Heut muss der Funke überspringen.
Und Hektik gibt's am Spielfeldrand.

Von dort wird sie hineingetragen:
Ruft heut die volle Leistung ab!
Den Kampf annehmen! Sozusagen
den Sack zumachen, wenn auch knapp.

Doch da ist nix mit Schneid abkaufen,
gar kein Rezept, ein müder Kick.
Wie sie jetzt in den Konter laufen!
Drei Spieler mangels Überblick

plus Torwart auf der Linie kleben.
Im Strafraum brennt es lichterloh.
Wenn jetzt die andern Vollgas geben,
dann explodiert der Libero.

Tor!! Jetzt muss durch die Mannschaft gehen …
ein Nadelstich? Nein, mehr ein Ruck!
Damit sie dann kompakter stehen
– nichtsdestotrotz – und diesem Druck

standhalten. Jetzt ins Spiel zu finden,
kann übern Kampf nur möglich sein.
Doch arbeiten sie kaum nach hinten
und laden ihren Gegner ein,

ganz höflich, doch sein Spiel zu machen.
Der spielt die Zeit nur von der Uhr,
kann auch kein Feuerwerk entfachen.
Schlägt stur die langen Bälle nur.

Das Team? Hat sich zwar eingeigelt.
Doch ist die Luft raus. Jeder spürt:
der bittre Abstieg ist besiegelt,
voll punktgenau, voll fokussiert.

In der Spielzeit 2014/2015 ist der SC Paderborn 07 wohl unzweifelhaft der Sensations-Aufsteiger der Saison. Entgegen aller Prognosen schlägt sich der Verein aber auch in der 1. Bundesliga beachtlich gut.

## Zur Jagd

Novembernebel legt sich schwer
auf Deutschlands edle Fußballrasen.
Der Regen fegt die Stadien leer:
Die Bayernjagd ist abgeblasen!

Borussias Hörnerklang verstummt,
auf Schalke tönt es leis und leiser.
Die Bremer trotten tief vermummt.
In Leverkusen ruft man heiser

nach Halspastillen, Hustensaft.
Die Mainzer über Schnupfen klagen.
Den Fohlen fehlt die letzte Kraft.
Sie sind noch viel zu jung zum Jagen.

Wir steh'n im Regen, uns ist kalt.
Dem Fan macht Fußball nur Vergnügen,
wenn Jäger im Tabellenwald
zum Abschuss auf der Lauer liegen.

Drum hat sich Wolfsburg aufgemacht
und Hecking stößt ins Horn.
Er bläst durch die Novembernacht
zur Jagd auf Paderborn.

Bundestrainer Joachim Löw muss sein Team im WM-Gruppenspiel gegen die USA im Juni 2014 womöglich umbauen. Khedira und Boateng sind verletzt.

# Letzte Fragen

Ob Khediras Knie wohl hält?
Ist Mats Hummels Zeh geprellt?
Und wer kommt für Marco rein?
Schlafen Özils Füße ein?
Schürrle hat 'ne dicke Backe?
Müller hat wohl auch 'ne Macke.
Was? Noch nicht? Da wart ich drauf.
Schweini läuft trotz Rücken auf?

Sieht nicht Neuer blässlich aus?
Lahm streckt Löw die Zunge raus?
Ist die nicht total belegt?
Wie sich Boateng bewegt …,
so ganz langsam. Ob der wohl …?
Trinkt der Großkreutz Alkohol?
Schlürft Polodolski Rinderblut?
Vor dem Spiel? Und Löw? Der tut

so gelassen. Sehr verdächtig.
Ist der Durm nicht viel zu schmächtig?
Ruft Kroos seine Leistung ab?
Wer macht bei der Hitze schlapp?
Fragen. Fragen über Fragen.
Kann ich da zu hoffen wagen,
dass sich das zum Guten wendet
und nicht nach drei Spielen endet?

Doch eins hoff ich unbeirrt:
dass Béla Réthy heiser wird.

Inmitten von politischen Machthabern aus aller Welt feierte Angela Merkel den WM-Sieg der deutschen Mannschaft, zusammen mit Präsident Joachim Gauck. Merkel hatte das deutsche Team in deren Quartier »Campo Bahia« besucht und war vor dem Spiel auch in der Kabine der deutschen Kicker.

## Wer war es?

War es der »Geist Campo Bahia«?
War's Jogis Taktikzauberei?
War'n es elf Freunde? War'n's gar wir,
die Fans? Nein! Mutti war dabei!

Für Mutti riss sich Schweini blutig.
Für Mutti schmiss sich Müller rein.
Für Mutti war selbst Özil mutig
und stieß den Messi kurz ans Bein.

Dabei ist er nur Adoptivsohn
und singt nicht Muttis Schlaflied mit.
Und lief auch Hummels reichlich schief schon:
Für Mutti sammelte im Schritt

die letzte Kraft er. Und es quälten
für Mutti Klose sich und Kroos.
Und weil sie Lahm das Schienbein schälten,
biss Boateng erbarmungslos

Palacio voll fett in die Eier
für Mutti. Sie soll glücklich sein!
Für Mutti spaltete der Neuer
dem Higuaín das Nasenbein.

Dann gab's in der Kabine Küsse,
und Mutti lachte unbeschwert
und leckte all die Blutergüsse.
Das war die Schlacht von Rio wert.

Nicht nur, dass wir das Letzte gaben,
wir wissen, wie man Welten dreht.
Vor allem, weil wir Mutti haben.
Die wird jetzt doppelt ausgespäht.

# Abstiegsgespenster

Seht ihr sie da im Strafraum lauern,
grellweiß verhüllt, mit Augenschlitzen?
Seht ihr sie an der Linie kauern,
und fahl in der Kabine sitzen?

Abstiegsgespenster. Reihenweise.
Sie hocken da in Büßerposen.
Sie stöhnen böse, kriechen leise
den Spielern in die Trainingshosen.

Sie schlingen fest sich um die Waden.
Sie hängen an die Füße Steine.
Sie kichern sich in die Paraden
des Keepers, lähmen Arm und Beine.

Sie nisten sich in die Gedanken.
Sie flüstern in verschreckte Ohren:
»Gefährlich sind die langen Flanken!«
»Ein Fehlpass, und ihr habt verloren.«

Um die Gespenster zu vertreiben,
empfiehlt sich als Narkotikum,
die Brust mit Knoblauch einzureiben.
Das haut den stärksten Gegner um!

Der Boss des DFB, Reinhard Grindel, kämpft um seinen Job.

# Präsident sein ist alles

Als ein Reinhard Dieter Grindel
noch in seine Strampel-Windel
kackte, ahnte jedermann:
hier wächst was Besond're ran.

Schon als Schulkind wusste er:
Es muss etwas Großes her:
Graf, Pilot, Geheimagent,
Wunderheiler, Präsident.

Und dann nach dem Abitur
war er vollends in der Spur:
Präsident! Zu diesem Zweck
klotzte er sein Studium weg,

boxte sich durch jeden Mist:
Volksvertreter, Journalist.
Irgendwie war das zwar schick.
Doch er heftete den Blick

auf ein Ziel nur: Präsident.
Und weil er den Fußball kennt
von Victorias B-Junioren
und diversen Fernsehforen,

und beim DFB die Türen
schief und krumm in den Scharnieren
hingen, und weil alles schmollte,
weil sie keiner richten wollte,

sprach man mit verhalt'nem Lachen:
Bitte schön. Soll der's mal machen.
Denn der guckt ja sehr entschlossen,
und der rödelt unverdrossen.

Was er macht, das macht er beinhart.
Präsident sein liegt dem Reinhard.
Aber – frag ich nur mal so –
kann er das nicht anderswo?

Präsident könnt er auch werden
bei der Hundestaffel Verden.
Präsident könnt er auch sein
beim Rotenburger Sportverein.

Oder er versucht es mal
beim Osterholzer Karneval.
Da wär er als Präsident
voll in seinem Element.

**Vor der Fussball-WM 2018:**
Die deutsche Fußball-Nationalmannschaft ging mit großen Erwartungen in das WM-Turnier in Russland. Vor allem dem ersten Spiel gegen Mexiko sah Fußball-Deutschland mit großer Spannung entgegen.

## Jetzt geht's los

Ich brauche unbedingt dies Tierorakel
vor unserm ersten Spiel des Rußland-Trips.
Man denke nur an jenes Mordsspektakel
um Super-Krake Pauls Tentakel-Tipps.

Doch als ich meinen beiden Stubenfliegen
markierte Krümel zur Entscheidung bot …
Was taten sie? Sie ließen sie links liegen,
entschieden sich fürs Marmeladenbrot.

Für Rauhaardackel Horst vom Nachbarn Krause
markierte ich die beiden Bäume vor dem Haus.
Doch suchte Horst für seine Pinkelpause
mein Fahrrad, aber keinen Baum sich aus.

Doch halt! Da ist ja noch mein Kater Fritze!
Ich lege also jeweils ein Trikot
dicht neben mir auf die zwei Sofasitze,
ein deutsches rechts, links eins von Mexiko.

Gleich weiß ich, wie die deutsche Mannschaft startet.
Fritz sucht zunächst an meinem Bein Kontakt.
Ich bin gespannt. Schon springt er wie erwartet …
auf meinen Schoß. Er rollt sich, schnurrt und knackt.

**Nach der Fussball-WM 2018:**

# Aussortieren

Jetzt den ganzen Fankram schnappen,
aussortieren und verklappen.
Trikot, Schal und Ringelsocken,
Vuvuzela, Tröten, Glocken,

Wimpel, Banner, Tücher, Fahnen,
Fanjäckchen für den Afghanen,
Mützen, Hüte, Jogi, Kappen,
Schwarzrotgold'ne Badeschlappen.

Schminke, Özil, Rucksack, Täschchen,
Schoner für das Babyfläschchen.
Deutschlandwäsche für die Betten,
schwarzrotgold'ne Schmerztabletten.

Löw, Girlanden, Spiegelhauben,
Farbe für die Gartenlauben.
Rucksack, Hummels, Fanfanfaren,
selbst den schwarzrotgold'nen Klaren.

Aber Heike strickt schon mal
rasch einen Kroatienschal.

**Olympische Winterspiele 2018:**

# Spektakel ohne Makel

Ja, das wird wieder einmal ein Spektakel:
Erst die Eröffnungs-Show: drei Stunden lang
Verzauberung. Und dazu ohne Makel
der volle Mond am Himmel von Pyeongchang.

Dann Einmarsch all der herrlichen Athleten,
ein Zug aus makelloser Farbigkeit.
Ja, auch die Russen, die sich selbst vertreten
in offizieller schöner Makellosigkeit.

Und auch der Schnee in makellosem Glanze.
Die Loipen, Pisten schimmern wie Damast.
Der makellose Auslauf an der Schanze,
und auch das Eis im imposanten Eispalast.

Der Doping-Prüfer makellose Kittel.
Die Prüfverfahren warten makellos.
Wie auch die kleinen feinen Stärkungsmittel
mit der Versich'rung minimalen Risikos.

Wenn eine Probe aus dem Rahmen fiele,
dann deckte sie der makellose Schnee.
Ja, unvergesslich werden diese Spiele –
so makellos wie unser IOC.

# Schlafraumszenen

Sie war entgegen ihm gegangen,
um sanft sein Dribbling abzufangen
mit einer leichten Fußabwehr.
Doch er – ein Könner – spielte quer.

Sie machte ein gestrecktes Bein.
Da drang er in den Strafraum ein,
tat sie im Anstoßkreis zart pressen,
um dann gekonnt mit langen Pässen

das Mittelfeld zu überbrücken.
Präzise Flanken fanden Lücken.
Dann zog er sich bewusst zurück.
Da kam sie mit dem Hackentrick.

Doch er verschleppte jetzt das Spiel.
Sie leicht zu kontern war sein Ziel.
Auch wenn sie stöhnte: »Schieß dein Tor«,
zog er den Fallrückzieher vor.

Doch ihre Technik: filigran.
Sie presste auf der Innenbahn,
was ihn aus seiner Deckung brachte.
Und als er seinen Schlenzer sachte

hineinschob auf der Gegeng'rade,
kam sie mit einer Glanzparade.
Sein strammer Nachschuss fand das Ziel.
Und dann der Schlusspfiff! Welch ein Spiel!!

Ein Spiel voll Feuer, Lust und Kraft.
Auch wenn er keinen Hattrick schafft.

# Die Ankunft des Heilands

## Nikolausgebet

Lieber guter Nikolaus,
bald stell'n alle Stiefel raus.
Sicher hast du justament
ganz ganz viel im Sortiment.
Bringe jedem Rentner
Kohle einen Zentner.
Bring den Arbeitslosen
Minijobs in Dosen.
Bring den Flüchtlingsheimen
Politiker, die schleimen
und, weil's nötig täte,
Feuerlöschgeräte.
Bring den Armen, Schwachen
Fernsehshows zum Lachen,
und dem müden Wähler
munt're SPDler.

# Die Ankunft des Heilands

(nach einer Idee von Stenkelfeld)

Erst war ich natürlich völlig dagegen.
Dieses Lichtergetue muss wirklich nicht sein.
Tannenzweige? Na meinetwegen.
Aber Lichterbögen im Fenster, o nein!!!

Doch dann ging es los: zuerst nur bei Krause,
dann bei Kabulkes, bei Krügers, bei Strauch,
und dann auch noch Reichs, schließlich in jedem Hause.
Da meinte Brigitte: Jetzt müssen wir auch.

Lichterbögen? Man kann das ertragen.
Doch dann hängte Krause in das Gesträuch
eine Lichterkette und – was soll ich sagen –
auch Kabulke und Strauch und Krüger und Reich.

Lichterketten? In Gottes Namen.
Doch Krüger begannen mit so einem Schlauch
aus bunten Lichtern die Tür zu umrahmen.
Dann Krause und Reich, Kabulke und Strauch.

Lichtschläuche um alle Türen? Nicht übel.
Macht hoch die Tür, die Tor … und so weiter.
Doch dann stieg Kabulke hinauf in den Giebel.
Und … Strauch, Krüger, Krause die griffen zur Leiter.

Ich auch, dann kam die Garage vorm Hause,
die Bäume im Garten, die Zäune davor.
Zum Schluss bellte der Bernhardiner von Krause
selbst lichterbekränzt hinterm Gartentor.

Okay. Das hat sich nun mal so ergeben,
und Brigitte macht ein zufried'nes Gesicht.
Okay, okay, dann begrüßen wir eben
den Heiland mit Licht, und warum auch nicht.

Dann kam jene Nacht. Völlig unvermittelt
ein mächtiges Dröhnen, ich spring aus dem Bett.
Das Haus erbebt wie von Riesen geschüttelt.
Die Tassen klirren im Küchenbüfett.

Dann lange Stille ... Von Ängsten getrieben
wag ich mich ans Fenster. Ein gewaltiger Schreck:
Da steht eine Boeing 707
in der Lichterschneise
und reihenweise
kleine Japaner mit Handgepäck.

# Weihnachtswunsch

Ich wünschte mir, der Weihnachtsmann
hätt keinen roten Mantel an
und hätte keinen weißen Bart,
wär auf der Brust ganz zart behaart,
die Hüften schmal, die Schultern breit,
die Augen warm, voll Zärtlichkeit
und immer heiter, immer lieb.
Was meint ihr? Dass ein solcher Typ
wohl nicht von dieser Welt sein kann?
Na, ist ja auch der Weihnachtsmann.

# Nur ein Schnitzel

Kurz vor dem Fest noch in die Stadt zu laufen.
Was habe ich mir bloß dabei gedacht?
Ich wollte nur ein kleines Schnitzel kaufen.
Jetzt dröhnt der Schädel mir: Sti-hille Nacht!

Mein Lieblingsschlachter ist ja an der Ecke
gleich hinterm Rathaus, zwischen C&A und Christ.
Normalerweise brauch ich für die Strecke
knapp zehn Minuten, aber heute ist

das anders. Eine Kaufrauschwelle wühlt sich
breit durch den lichtgesäumten Straßenschacht.
Ich will zum Schlachter. Doch die Flut, sie spült mich
erst mal zu Deichmann hin und dann mit Macht

gleich zu Thalia. Ich will Schnitzel kaufen!
Schon wogt's zu Karstadt rüber, und es zwängt
mich durch die Tür, stößt mich in einen Haufen
von Billigsocken, und es schiebt und drängt

mich wieder raus und durch die Lichtgehänge,
durch »Stille Nacht« und durch »Macht hoch die Tür«.
Durchs weite Tor bei Tschibo treibt die Menge
mich hart zu Douglas rein, es drohen mir

zwei Weihnachtsengel mit Parfüm und Seife.
Ich kämpf mich raus. Da! Da ist C&A!!
Und während ich um die Laterne greife,
mich gegen diese wilden Fluten da

anstemme, kann ich eine schmale Lücke sehen:
Mein Schlachter! Nur zehn Schritte. Also los!
Doch was ist das? Rund zwanzig Leute drehen
sich in die Schwingtür rein, ellbogig, rigoros.

Verdammt, ich will mein Schnitzel! Ohne Federlesen
ramm ich mich vorwärts, suche Arm- und Beinkontakt.
Sechs Kunden steh'n vor mir am Frischfleischtresen,
die wollen je fünf Schnitzel, weihnachtlich verpackt.

Mein Schlachter ruft mir zu: Komm morgen wieder!
Doch draußen fasst ein Weihnachtsmann mich bei der Hand
und nimmt mich gnädig unter Einsatz aller seiner Glieder
mit auf den Weihnachtsmarkt zu einem Bratwurststand.

# Alle Jahre wieder

Alle Jahre wieder
muss vorm Fest ich ran.
Mime brav und bieder
Kaufhausweihnachtsmann.

Preise mit Gebimmel
und so laut ich kann
mitten im Gewimmel
Weihnachtsschnäppchen an.

Durch die Kaufhausgassen
quillt die Käuferschar,
schiebt sich zu den Kassen.
Mich nimmt keiner wahr.

Schnurrbarthaare hängen
in den Mund mir rein,
und die Stiefel zwängen
mir die Zehen ein.

Eh bis zum Infarkt ich
hier noch weiterkämpf,
hol vom Weihnachtsmarkt ich
mir 'ne Wurst mit Sempf.

# Schwer vermittelbar

Morgen Kinder wird's was geben:
Morgen gibt's vielleicht 'nen Job.
Morgen, da beginnt das Leben
oder auch der Superflop.
Denn es ist uns leider klar:
Wir sind schwer vermittelbar.

Doch bald soll die Stube glänzen,
das verspricht uns Angela.
Sie wird uns das Glück kredenzen,
und das Paradies ist nah.
Leider ist uns allen klar:
Das ist schwer vermittelbar.

Aber tief in euren Herzen
pfeift ihr auf die Politik,
sehnt ihr euch nach Schimmerkerzen,
Tannenbaum und Festmusik.
Alles andre, das ist klar,
wär nur schwer vermittelbar.

# Das Märchen von Freddi Fischer und sin Fru

O Tannenbaum, o Tannenbaum.
Ich muss noch einen suchen,
weil meine Frau, die Ilsebill,
mal wieder was Besond'res will.
O Tannenbaum, o Tannenbaum,
ich könnt dich glatt verfluchen.

O Tannenbaum, o Tannenbaum.
Kein Bäumchen will ihr passen.
Der ist zu schlicht und der zu dicht,
und der ist ihr zu mickericht.
O Tannenbaum, o Tannenbaum
Wie bleib ich da gelassen?

Hab Tannenbaum um Tannenbaum
geprüft, gedreht, gewendet.
Doch sie will nicht, wie ich es will,
ja eben typisch Ilsebill.
O Tannenbaum, o Tannenbaum,
du ahnst schon, wie das endet.

O Tannenbaum, o Tannenbaum.
Sie sagt: »Geh einen hacken!
Im Wald da steh'n sie dicht bei dicht,
ein Bäumchen raus, das merkt man nicht.
O Tannenbaum, o Tannenbaum.
Sollst dir den schönsten packen!«

O Tannenbaum, o Tannenbaum.
Wollt ihr den Wunsch erfüllen.
Doch als der Förster kam ums Eck,
war'n Baum und 100 Euro weg.
O Tannenbaum, o Tannenbaum,
gibt Frau'n mit starkem Willen,
o Tannenbaum, o Tannenbaum,
und viele Ilsebillen.

# Erste Amtshandlung

Lasst uns froh und munter sein
und uns recht von Herzen freu'n.
Die Regierung hat getagt:
Weihnachten ist abgesagt!

Keinen Einkaufsrummel mehr,
die Geschäfte herrlich leer.
Was man kaum zu hoffen wagt:
Weihnachten ist abgesagt.

Nix mehr mit »Was schenk ich bloß?«
oder »Ist der Baum zu groß?«.
Nix, was ihr zum Umtausch tragt.
Weihnachten ist abgesagt.

Und aus Kaufhaus und Boutique
dudelt nicht mehr Festmusik.
*»Stille Nacht, heilige Nacht*
*alles schläft, einsam wacht*
*nur das traute hochheilige Paar …«*
nicht mehr an den Nerven nagt.
Weihnachten ist abgesagt.

Tante Lore, Onkel Hans
fressen nicht mehr unsre Gans,
kommen nicht mehr ungefragt.
Weihnachten ist abgesagt.

Schluss mit Festtags-Liebestraum
und der Schleimspur unterm Baum.
Schaut, dass ihr euch so vertragt.
Weihnachten ist abgesagt.

# Fröhliche Weihnacht

Leise rieselt der Kies
im Hotel-Paradies.
Weihnachtlich glänzt der Smaragd.
Evelyn badet fast nackt.

In den Herzen wird's heiß,
still liegt Hummer auf Eis,
auch der Champagner steht kalt.
Sag mir, welch Christkind kommt bald.

Bald ist heilige Nacht,
so ab acht auf der Jacht.
Sorge des Lebens: Bleib cool
und treib's mit Kerstin im Pool!

# Zur Weihnachtszeit

Süßer die Kassen nie klingeln
als zu der Weih-ei-nachtszeit.
Und alles Knausern und Pingeln
zeugt nur von Gottlosigkeit.
Was kriegt der Vater, die Mutter, das Kind?
Was kriegt der Vater, die Mutter, das Kind?
Seid ihr auch hinterher blank,
Hauptsach' Geschenke im Schrank.

Süßer die Worte nie klingeln,
als zu der Weih-ei-nachtszeit,
Alle sich innig umzingeln.
Voll warmer Rührseligkeit
küssen sich Vater und Mutter und Kind,
küssen sich Vater und Mutter und Kind.
Doch sind die Kerzen dann aus,
gibt's wieder Stimmung im Haus.

Süßer die Spenden nie fließen,
als zu der Weih-ei-nachtszeit,
wenn sich auf einmal ergießen,
Ströme der Wohltätigkeit.
Doch weiß der Vater, die Mutter, das Kind,
doch weiß der Vater, die Mutter, das Kind:
Wohltätigkeit, das ist klar,
gibt es nur einmal im Jahr.

# Am Heiligen Abend

Weil heut der große Tag beginnt,
an dem mir stets die Milch gerinnt,
weil uns heut Christ gebor'n sein soll,
hau'n wir uns fett die Krippe voll.

Wir stapeln munter hoch und schichten
den Ablass unter Nordmannfichten.
Ein Weihnachtsengel drückt sich stumm,
doch vollgedröhnt am Bahnhof rum.

Wir spielen Glück im Kerzenschimmer,
und eine Schleimspur kriecht durchs Zimmer,
weil heut auch noch der Präsident
vor Rührung aus der Glotze flennt.

Er spricht von Frieden und Versöhnung.
Die Friedensglocken: volle Dröhnung.
Ganz friedvoll schlägt im Palmenhain
die nächste Scud-Rakete ein.

# Verweigerung

Ich ließ zu Ostern mich verpflichten,
was mächtig Heiteres zu dichten.
Doch gibt's in frühlingshaften Zeiten
nicht lustvollere Tätigkeiten,

als die, ein Spaßgedicht zu machen?
Auf Ostern? Was gibt's da zu lachen?
Zum Beispiel sind so Osterlämmer
nicht gerade die Satirehämmer.

Und Witze übers Eierblasen?
Na ja. Und auch die Osterhasen
aus Marzipan und Schokolade?
Ganz öde. Wenn man nicht gerade

beim wilden Auf-die-Suche-gehen
sich auf sie draufsetzt aus Versehen
und sie zu einem Fleck verbreitert,
was zugegeben stets erheitert.

Doch dass man, wenn man was versteckt,
ein Ei von vor fünf Jahr'n entdeckt,
ist kaum satirekompatibel.
Auch dass mir regelmäßig übel

wird, wenn ich Eier mit Likör
– aus purer Höflichkeit – verzehr,
das finde ich nun gar nicht lustig.
Doch ganz besonders packt der Frust mich

wenn ich aus meinem Fenster schau.
Das Osterwetter? Grau in grau.
Der Regen peitscht durch die Allee.
Osterspaziergang? Witzig? Nee!

Und Aufersteh'n in dieser Zeit
sorgt auch nicht recht für Heiterkeit.
Säß ich nicht hier des Reimens wegen,
hätt ich jetzt Lust, mich hinzulegen.

Was kann an Ostern lustig sein?
Da fällt mir nichts, rein gar nichts ein.

# Unwuchtiges

# Leiden mit Schiller

»Der Not gehorchend, nicht dem eigenen Triebe«:
Fritz Schillers Satz macht mir das Leben schwer.
Die Mocca-Sahne-Torte, die ich doch so liebe,
der Not gehorchend ess ich die nicht mehr.

Die Not zeigt sich mir täglich auf der Waage,
die rücksichtslos manch muntren Trieb betäubt.
Statt an dem leckren Gänseschenkel nage
ich Biomöhrchen. Und die Not vertreibt

mich aus dem triebersehnten Mittagsschlummer
zum notbedingten Nordic Walking aus dem Haus.
Und wenn ich zög're, kommt so'n Spruch, so'n dummer:
»Der Mann«, ruft dieser Schiller, »muss hinaus«.

Ja, es ist feindlich, dieses notgebot'ne Leben.
Deshalb sind meine Triebe auch nicht einfach weg.
Und Schiller mahnt ja auch: ich soll »zum Ganzen streben«.
Zu diesem Ganzen zählt für mich auch Schweinespeck.

Fürs Mandelhörnchen würd ich gern »den Meister loben«.
Beim Spätburgunder spür ich »einen guten Klang«.
Doch wenn ich einen einschenk, hör ich Schillern toben:
»Der Wahn ist kurz«, schreit er, »die Reu ist lang!«

Ich glaub, ich halte mich ab jetzt an Goethe:
Der lädt an »lust'gem Orte mich zum Tafeln ein«.
Auch Shakespeare kennt da besser meine Nöte:
»Lasst wohlbeleibte Männer«, sagt er, »um mich sein.«

# Zielführend

Politiker und Funktionäre handeln meist
zielführend. Was im Wortsinn heißt:
Sie führen, wenn ein solches Ziel sie haben,
es an der Hand wie einen kleinen Knaben,

oder auch an der Leine, wie den Dackel Klaus,
mal rechtsrum, linksrum, auch mal geradeaus.
Ein solches Ziel zu führen, ist nur scheinbar leicht.
Denn es kommt selten vor, dass man's erreicht.

Trotz allerschönster Reden macht es dicht.
Auch wenn man es beschimpft, gehorcht es nicht.
Drum setzt sein Führer zu Erziehungszwecken
es oft in dunkle, abgeleg'ne Ecken.

Da fällt's ihm leicht, klammheimlich zu verschwinden.
Und kann sein Führer es nicht wiederfinden,
verliert es aus den Augen, sagt er ungerührt:
Was soll's? Ich hab das Ziel ja nur geführt!

Es dann noch zu verfolgen, lohnt nicht mehr.
Ja, so ein Ziel macht's seinem Führer schwer.
Das kann man täglich sehen, hören, lesen:
Dein Ziel, das fremde, unbekannte Wesen.

# Unwuchtiges

Bei der Litera-Tour durchs Sprachschatzrevier
steh'n oft Fragen im Wege, wie diese hier:

Wird ein Heilpraktiker, wenn er praktisch versagt,
nicht zum Unheilpraktiker? Und wer verklagt
den Vermögensberater, der mich bescheißt,
nun als Unvermögensberater? Und heißt

der Sozialarbeiter, der nicht sozial handelt,
Unsozialarbeiter? Oder verwandelt
sich der Wetterfrosch, der nicht mehr klettern kann,
in 'nen Unwetterfrosch, und ein Sturmtief rückt an?

Wird ein Freier, wenn er sich ehelich bindet,
ein Unfreier jetzt? Und womöglich auch findet
im Gemach, das er nachts mit der Gattin teilt,
er nur Ungemach, wenn im Bett er verweilt.

Ist ein Sicherheitsschloss, das man knackt, jetzt ein
Unsicherheitsschloss. Und könnte es sein,
dass ein Fall, der sich letztlich nicht lösen lässt,
nun als Unfall bezeichnet wird? Eines steht fest:

Ein Ansprechpartner, der beharrlich schweigt,
ist ein Unansprechpartner. Doch all das zeigt:
Wenn wir uns der Wucht unsrer Sprache verschreiben,
finden wir manche Unwucht, und das soll so bleiben.

# Wortspielereien

**Was nur schwer möglich ist**
Barfuß durch wilde Steppen steppen,
tagtäglich lange Schleppen schleppen,
auch Teppiche aus Flechten flechten,
am Fluss nach echten Hechten hechten.

**Was gut möglich ist**
Dass Zecken in Verstecken stecken.
Dass sich auch kurze Strecken strecken.
Dass auch ergraute Locken locken.
Den Fleischfan Artischocken schocken.

**Was ich mir wünsche**
Dass ich in schlichter Dichte dichte,
Geschichte auf Geschichte schichte,
den Blick, wenn ich Gesichte sichte,
nicht stur nur auf Berichte richte.

**Taschendiebe**
Wenn sie sich in Gedrängen drängen
und frech sich in die Mengen mengen,
sie hinter ihren Brauen brauen,
was gleich sie mit den Klauen klauen.

**Werbung**
Man will die ganz Maladen laden:
»Kommt hier in Baden-Baden baden!«

**Die Erben**
Ich muss mich vor Entsetzen setzen,
wenn sie den Wert von »Schätzen« schätzen
und sich um jeden Fetzen fetzen.

## Geschütteltes

**Warum wurde der Turm von Babel nicht fertig?**
Klar könntet ihr die Sage fragen.
Ich kann zu dieser Frage sagen:
Kein Wunder, denn in Babel, Kinder,
gab's weder Kitt noch Kabelbinder.

**Zu spät**
Ich renn jetzt in den Birkenwald,
denn meine Pillen wirken bald.
Zu spät! Denn schon im Rosenhain
geht alles in die Hosen rein.

**Schade**
Der Käse in den Dosen roch
fast wie nach wilden Rosen, doch
ich kriegte schon im Laden mit,
dass schwer er unter Maden litt.

**Liebesgeschichte**
Weil unser Teich gefroren ist,
der Frost mir an den Ohren frisst,
geh ich zum Schlittschuhlaufen heute.
Da ist auch schon ein Haufen Leute.
Weil ich auf meine Kreise acht,
es auch schon auf dem Eise kracht.
Wenn derart Stirn auf Stirne hauen,
müsst es sich doch im Hirne stauen.
Doch wenn sich Herz zum Herzen schmeißt,
Gibt's dann etwas, das »Schmerzen« heißt?

Wenn ich dir heut Gedichte schenke,
ich gern an *die* Geschichte denke.

# Weltklimakonferenz

# Weltklimakonferenz

Ja, unsre Umwelt ist bedroht,
von Tag zu Tag extremer.
Drum gilt totales Rauchverbot
für Konferenzteilnehmer.

Man fährt nicht mit dem Auto vor,
Man musste sich verpflichten,
auf Laptop und IT-Komfort
grundsätzlich zu verzichten.

Der Sitzungssaal bleibt ungeheizt,
auch wenn die Fidschis frieren.
Mit warmem Essen wird gegeizt.
Und wenn beim Debattieren

es laut und hitzig wird vor Ort,
wenn stürmisch es im Saal ist,
speist man die Energie sofort
ins Stromnetz. Was genial ist.

So tagt man nicht am Tage nur,
nein, kann so lange tagen,
bis alle Lampen im Parcours
nachts ihren Dienst versagen.

Das ist als Antwort beispielhaft
auf alle Klimafragen.
So schafft man es aus eig'ner Kraft.
Man muss nur öfter tagen.

Kurz vor Ostern 2018 sind erneut verseuchte Eier aufgetaucht, ausgerechnet bei einem Bio-Erzeuger in Nordrhein-Westfalen. Die Ware enthielt dioxinähnliches PCB, die Konzentration lag bis zu sechsmal so hoch wie erlaubt.

## Samstag auf dem Markt

»Wie üblich frische Eier? Zehn?«,
fragt mich mein Lieblingsbauer.
»Heut nicht.« Ich lächle. »Sie versteh'n?
Und sind deshalb nicht sauer?«

»Nein«, sagt er, »weiß schon: Dioxin.
Na ja, so ist das eben.
Doch ehrlich, Reinheitsgarantien
kann Ihnen keiner geben.«

Er sieht sich um, beugt sich zu mir:
»Mal ehrlich, im Vertrauen,
Sie steh'n doch auch am letzten Pier.
Und gibt's nicht schöne Frauen?

Ich gucke morgens, wenn ich kann
ins Blättchen, und was les ich?
Das Dioxin, das wirkt beim Mann …
ja, … fast viagramäßig!

Man stirbt zwar früher, sagen die.«
Er lächelt rotgesichtig.
»Doch dafür, so die Theorie,
kracht's dann noch mal so richtig.«

»Quatsch«, sag ich, »ich kenn Theorien
– ich lass mich gern bericht'gen –,
danach soll sich das Dioxin
beim Backen rasch verflücht'gen.

Und meine Liebste backt so toll,
und ihren Kuchen lieb ich …«
»Na«, sagt er, »ist doch wundervoll.
Zehn Eier, so wie üblich?«

## 2018: Was für ein Sommer

Ist diese Sonnenglut nicht endlich mal zu Ende?
Normalerweise macht ja so ein Sommer Spaß.
Doch *der* verbrennt am Lenkrad mir die Hände
und köchelt frisch gezapftes Bier im Glas.

Im Baggersee schwappt brackig warme Brühe.
Der dicken Linde geht der letzte Schatten aus.
Zu trocknen Wasserlöchern schleppen sich die Kühe.
Genauso träge schlappe ich durchs Haus.

Am Tage müde, aber in den Nächten wach.
Man pennt halt nicht so gut in einem Ofen.
Das Hirn verbrutzelt unterm heißen Schädeldach.
Deshalb hat dies Gedicht auch nur drei Strophen.

# Blick über den Gartenzaun der Nachbarin

Nun, die Geschmäcker sind halt unterschiedlich.
Ich geb ja zu, hier gibt es viel zu schau'n.
Und manches ist auch lustig, anderes ganz niedlich
auch meinetwegen Gartenkunst. Doch im Vertrau'n:

Wenn ich so einen Garten hätt wie diesen,
wo sich an wilde Rosen lehnt dies nette Gartenhaus,
wo zwischen Blumen, Büschen, auf den sanften Wiesen
die alten Bäume werfen lichte Schatten aus.

Ach, wenn ich diesen wundervollen Garten hätte,
ich stellte neben diesen schilfbewehrten kleinen Teich
auch Kunst, zum Beispiel diese schöne Statuette,
die beide Arme ab hat. Na, wie heißt sie gleich?

Ist ja egal. Ich will das jetzt nicht klären.
Ach, wenn ich diesen Garten hätte, würd ich gleich
mit einer riesig hohen Hecke ihn umwehren,
damit kein fremder Blick verletzt mein kleines Reich.

Was jeder sehen sollte, ist die weiße Fahnenstange.
Da wird die Fahne schwarzrotgold gehisst.
Nicht nur, wenn Fußball ist. Sie weht so lange,
wie dieses kleine deutsche Reich mein eigen ist.

Von 100 Zwergen ließe ich mein Reich bewachen
mit Harken, Kännchen, braunem Schubgefährt.
Es gibt auch Frösche, Pilze, alles kunstgemäße Sachen.
Das wär mir den Besuch im Gartencenter wert.

Die Pflege meines Gartens würde mich entzücken.
Ich freu mich heute schon aufs Rasenmäh'n.
Die ganze Nachbarschaft würd ich gleich mit beglücken,
am besten mittags oder abends um halb zehn.

Zu einer richtig guten deutschen Gartenpflege
– das fehlt hier auch, ich will ganz ehrlich sein –
gehören feste aber saub're Plattenwege.
Da darf kein Grashalm in den Ritzen sein.

Was ich noch brauche neben einem glatten Rasen,
das ist ein umfangreiches Grillgerät.
Welch Wohlgeruch für nachbarliche Nasen,
wenn nur ein leichter Wind von Osten geht.

Ist nett, der Nachbarsgarten, muss ich ja gestehen.
Und wenn das hier deren Geschmack entspricht,
ist das ja ihre Sache. Doch mal objektiv gesehen:
Ein guter deutscher Garten ist das leider nicht.

# Da jammert der Satiriker

2015: Zwei bewaffnete Männer haben die Redaktion der französischen Satirezeitschrift »Charlie Hebdo« überfallen und ein Blutbad angerichtet. Das ist der bislang schwerste Angriff auf die Meinungs- und Pressefreiheit.

## Mehr Satire braucht das Land

Alle sind Charlie jetzt: Juden, Moslems, Christen.
Alle haben jetzt Satire furchtbar lieb.
Unsre Spottpoeten, Karikaturisten
sind die Allergrößten im Kulturbetrieb.

An Verhandlungstischen und in Bischofskonferenzen
geh'n Satirehefte rasch von Hand zu Hand.
Und Politiker und heil'ge Exzellenzen
sind sich einig: mehr Satire braucht das Land!

Lachen scheckig sich, wenn ein Satiredichter
sie in lock'ren Versen durch die Scheiße dreht,
wenn ein Zeichner ihre müden Glattgesichter
faltet, knubbelt, schrumpelt oder lustvoll bläht.

Wie sie sich da lachend auf die Schenkel schlagen.
Ja, da wackelt der Verhandlungstisch im Kabinett.
Schäuble kippt laut gackernd aus dem Geldstreitwagen.
Merkel platzt am Aussitz-Steiß fast das Jackett.

Auch der Klerus amüsiert sich leise aber heftig.
Witze über Missbrauch und den Zölibat
finden Marx und Lehmann zwar ein wenig deftig,
aber – ehrlich – kribbeln tut es im Ornat.

Freiheit der Satire. Niemand will sie brechen.
Und ist's einem mal ein bisschen viel an Ironie,
und lässt der mal kurz Justitias Waffen sprechen,
ist das gar nicht bös gemeint: er ist Charlie!

# Ich würd so gerne …

Ich würd so gerne wieder ein paar Verse schreiben,
politisch böse und satirisch hart.
Mit Knallpointen, die im Halse stecken bleiben,
in denen wilder Zorn mit feinem Witz sich paart.

Ich würd so gerne lästern über Scholz und Merkeln
doch irgendwie reimt sich da gar nichts mehr.
Und will ich was zum Diesel-Mauscheln werkeln,
wo krieg ich da noch witzige Metaphern her?

Wenn ich den Gauland seh und hör, muss ich nur kotzen.
Beim Rosneft-Schröder sträubt sich jeder Knittelvers.
Und Erdoğan? Da fehlt mir jede Lust zum Motzen.
Trump zu verspotten, finde ich schon fast pervers.

Ich würd so gerne … Doch mir fehlt es da an Worten.
Gewalt und Terror töten in mir jede Ironie.
Und in der Flut der Katastrophen allerorten
ertrinkt mein letztes bisschen heit're Phantasie.

Dabei würd gern ich wieder mal was Böses schreiben.
Doch wo find ich das Versmaß da als Spottpoet?
Ich würd so gerne. Doch als Themen bleiben
– fürcht ich – nur Kochshows mir und Trenndiät.

# Da jammert der Satiriker

Fest gefügt kommt aus dem Drucker
das Gedicht aus einem Guss:
Tote Rote, grüne Mucker,
brauner Müll und schwarzer Stuss.

Da wird Politik vom Tage
zur Satire Reim um Reim:
Führungskrise, Brexit-Frage,
AfD im Altenheim.

Doch dann kracht ganz ohne Gnade
eine aktuelle News
in die Frühstücksmarmelade,
mitten rein ins Pflaumenmus.

Haut mich aus den Badeschlappen.
Und das nächste dicke Stück
bringt den Tee zum Überschwappen:
Was, der auch? Der tritt zurück?

Alles rennet, rettet, flüchtet.
Und ich? Hab umsonst gedichtet?
Fieberhaftes Verse-Checken,
doch es klemmt an allen Ecken.

Da hilft Knoten nicht, noch Kneten.
Locker in die Tonne treten
darf ich jetzt mein Top-Gedicht.
Es stimmt vorn und hinten nicht.

Auch der schönste Hohn und Spott:
nichts als Müll, nichts als Schrott.
Aktualsatire wird
heut zu gestern … unbeirrt.

Bleibt nur noch aus freien Stücken
auf die Taste »Löschen« drücken.
Gnadenlos! Nicht lang gefackelt:
Doch mein Schreibtischsessel wackelt
wie ein Trainerstuhl, genau,
so wie der beim HSV.